어느 날 다행복학교에
발령받았습니다

어느 날 다행복학교에 발령받았습니다

부산다행복교사 씀

창비

부산다행복학교,
어제를 기록하고 내일을 말하다

류현주

학교는 어떻게 시작되었을까요?

학교는 어떻게 시작되었는지 상상해 봅니다. 어느 날 쉬기 좋은 나무 아래 모여든 네댓 명의 사람들이 이야기를 나눕니다. 길 위에서 나누는 세상의 일, 사람의 일은 놀랍고 신기하고 뜻밖의 것들로 가득합니다. 그렇게 학교는 우연히 모여든 이들이 서로의 이야기를 들려주고 물으며 시작된 것은 아닐까요? 땅은 칠판이 되고 그루터기는 의자가 되고 나무 그늘은 교실로 변하는 상상만으로 금방 학교 하나가 그려집니다. 그래서 학교는 들려주는 것, 묻는 것, 배우는 것으로 시작된 공간이 아닐까 싶습니다.

부산다행복학교는 어떻게 시작되었을까요?

학교에 선생님들이 삼삼오오 모여 있습니다. 이들은 낙관주의

자이자 비관주의자입니다. 특별하고도 평범한 그들은 언제나 질문을 던집니다. '학교의 본질은 무엇인가? 학교에 대한 꿈을 여전히 꾸고 있는가? 그래서 학교는 희망이 있는가?' 질문은 선생님들을 끊임없이 안팎으로 모이고 움직이게 만들었습니다. 그 에너지는 학교에 대한 낙관과 비관의 경계를 오가며 폐교 위기의 금성초등학교를 살려 냈고 그 속에서 금성만의 학교 문화를 꽃피우게 했습니다. 다시 그 에너지는 학교 혁신을 꿈꾸는 씨앗동아리를 모아 함께 학교 변화의 꿈을 꾸게 했습니다. 또 앞서간 지역과 학교들을 만나 구체적인 학교 혁신의 모습을 그리게 했습니다.

이렇듯 우리가 함께 꿈꾸고 그리고 만들던 모든 순간들에는 질문이 있었고 그 질문에 답해 가는 실천이 있었습니다. 그 질문의 힘이 뿌리가 되고 진보 교육감 시대라는 물줄기를 만나 '부산다행복학교'라는 또 다른 가능성이 시작되었습니다.

"나는 달 보고 빌고, 별 보고 빌고, 길 가다 빌었다 아이가. 우리 학교도 혁신학교 되게 해 달라고."

다행복학교가 처음 출발하던 그때, 남은 것은 기도밖에 없다던 선생님들의 마음이 씨실과 날실로 엮여 부산형 혁신학교인 부산다행복학교가 되었습니다.

'모두가 다 행복한 학교가 부산형 혁신학교다.'라는 장일성 선생님의 기막힌 작명을 시작으로, 2015년 열 개의 부산다행복학교가 출발했습니다.

천 개의 모험과 시도

다른 지역과는 달리 부산은 유치원과 특수학교, 고등학교까지 혁신학교의 시작을 함께했습니다. 선생님들의 자발적 요구와 지지 속에서 가뿐하게 출발한 학교도 있고, 눈물 바람으로 공모 지정 시간을 견뎌야 했던 학교도 있었습니다. 시작은 순탄했지만 자리를 잡아 가는 과정에서 구성원 사이에 갈등과 이탈을 경험한 학교, 첫발은 어려웠지만 의미 있는 성장과 가능성을 증명하고 있는 학교, 학교마다 지나온 시간의 모양과 색깔은 다 달랐지만 모든 다행복학교에는 역량 있는 어떤 선생님이 있는 것이 아니라 '그 학교'가 고스란히 있습니다.

'그 학교'는 다모임이 그렇게 재미있다고 하던데, '그 학교'는 전문적 학습 공동체가 살아 있다던데, '그 학교'는 학생 자치 활동으로 아이들이 달라졌다던데, '그 학교'는 학부모와 선생님이 소통하는 방법이 특별하다던데…….

학교 이름을 부르기에 앞서 학교마다 가지고 있는 학교 문화의 색깔을 중심으로 학교를 떠올리고 '그 학교'를 이야기합니다.

학교 민주주의가 잘 안착된 '그 학교', 새로운 배움 문화를 만드는 '그 학교', 아이들이 즐거운 '그 학교', 자치 문화로 학부모가 성장하는 '그 학교'. 천 개의 학교가 있다면 천 번의 모험과 시도가 있습니다. 우리는 그 모험과 시도를 그 학교만의 문화라고 부릅니다. 그래서 혁신학교에는 천 개의 색깔과 모양이 있습니다.

부산다행복학교도 6년이라는 시간이 흘렀습니다. 하지만 우리는 여전히 학교 변화를 위해 무엇을 더 상상하여야 하는지 이야기합니다. 부산다행복학교는 연구학교나 시범학교와는 달리, 학교 변화와 과제에 대한 구체적인 상과 실천에 대한 답이 따로 제시되어 있지 않습니다. 오롯이 학교가 상상하고 고민하고 실천해야만 합니다.

질문이 생기면 학교 구성원들이 모두 머리를 맞대고 그 답을 찾아냅니다. 그것이 우리가 문제를 해결하는 유일한 방법입니다. 부산다행복학교의 선생님들은 끊임없는 성찰적 질문을 통해서만 학교를 변화시킬 수 있다고 믿기 때문입니다. 그래서 다행복학교는 최소한 몇 사람의 머리와 의견으로 만들어진 학교는 아닙니다.

부산다행복학교의 역사는 아직 다 쓰이지 않았습니다

부산다행복학교를 오롯이 경험하며 학교 변화의 가능성을 발견하고 길을 모색해 온 열다섯 분의 선생님들이 모여 한 권의 책을 엮었습니다. 부산다행복학교의 시간을 기억하고 기록한 이 책에는 놀라운 것, 새로운 것, 뜻밖의 것은 있지 않습니다. 그저 꿈을 꾸는 것을 멈추지 않았던 학교 안팎의 사람들이 학교라는 유기체를 키우는 소박하지만 치열한 일상이 담겨 있습니다. 학교 문화의 깊이와 결을 만드는 사람들의 땀과 눈물, 아슬아슬한 성장의 굴곡들이 날것 그대로 담백하고 솔직하게 그려져 있을 뿐입니다.

이 책이 이제 막 혁신학교 근무를 준비하는 선생님들께 혹은 학교 혁신의 길을 찾고자 하는 선생님들께 길라잡이가 되길 바랍니다. 또한 혁신학교가 무엇인지 궁금한 이들에게도 생생한 안내서가 되길 희망합니다. 여기에 운을 더 보탤 수 있다면, 교사로서의 삶을 살아가다 어딘가에서 이 책을 읽은 동료로 학생으로 학부모로 함께 만날 수 있기를 기대합니다.

미국을 대표하는 시인인 월트 휘트먼(Walt Whitman)은 '민주주의는 위대한 단어이며, 아직 그 역사는 다 쓰이지 않았다.'고 말했습니다. 이 말을 빌려 말씀드립니다.

"부산다행복학교, 아직 그 역사는 다 쓰이지 않았다."

그 옛날 나무 그늘 아래 삼삼오오 모인 사람들이 서로를 가르치고 배웠듯이, 부산다행복학교도 오래전 학교의 시작이자 본질인 배움과 가르침에 대한 질문을 끊임없이 준비하고 있을 뿐입니다. 이 글을 읽으시는 당신이 학교 변화의 꿈을 지금도 여전히 꾸고 있다면, 부산다행복학교는 끝이 없는 그 길을 뚜벅뚜벅 함께 걸어가자고 마음을 담아 이야기할 것입니다.

– 글쓴이들의 목소리를 대신하여
류현주 씀

차례

1

함께 여는 목소리,
그 큰 울림

마음을 모아 지혜를 모아

오종열

예쁘게 핀 감자꽃

2012년 체육전담교사로 4학년 아이들을 만났다. 수업을 마치면 함성 소리와 함께 축구부 아이들이 놀라운 발재간으로 인조 잔디 구장을 채웠다. '우승', '준우승' 현수막으로 도배가 된 낡은 강당에는 올림픽 금메달리스트 선배들의 뒤를 이으려는 배드민턴부 아이들이 일사불란하게 셔틀콕을 때리고 있었다.

"쌤! 오늘 체육 시간에 뭐 해요?"

"오늘은 유연성을 기르는 운동을 하는 날이지!"

"축구하면 안 돼요? 남자는 축구, 여자는 배드민턴!"

안 된다고 하지만 그래도 축구와 배드민턴을 하는 날이 많았다.

학교에 축구부, 배드민턴부가 있어서 그런지 일반 아이들도 축구와 배드민턴 실력이 아주 뛰어났다. 그런데 축구를 하다 보면 언제나 사달이 났다. 아이들은 실력만큼이나 승부욕이 강해서 욕설과 폭력이 뒤따랐다. 체육 시간에만 그런 모습을 보였던 건 아니다. 가히 '교실 붕괴'라는 말이 떠오를 정도로 욕설과 폭력은 일상적이었고 심각했다. 한 학기를 마치고 병가를 낸 선생님도 계셨다.

2009년 경기도를 시작으로 혁신학교 정책이 제도화되었다. 부산에서 이 '새로운 학교 운동'에 동참할 방법은 없는 걸까? 고심을 거듭하다 드디어 뜻이 맞는 동료 셋이 뭉치게 되었다. 딱 10년만 열심히 해 보자 약속하고 우리는 이듬해 나란히 5학년 세 반을 맡았다.

아이들에게 한숨 돌릴 수 있는 공간과 활동이 필요했다. 학교 담장 너머 조그만 차도를 건너면 드넓은 학교 텃밭이 있었다. 텃밭 옆에 사시는 할아버지 할머니가 이곳에서 여러 작물들을 가꾸고 계셨는데, 할아버지께서 옛날에 우리 학교 행정실에서 근무하셨다고 했다. 할아버지를 찾아가 아이들하고 농사를 좀 지어 볼까 하는데 3분의 1 정도만 우리가 쓸 수 있겠냐고 여쭈었다.

"농사짓는 게 쉽지 않을 거예요. 허허."

4월 초, 아이들과 호미를 하나씩 들고 텃밭으로 갔다. 풀을 뽑고 이랑을 만들자고 했더니, 아이들은 구덩이를 파고 굴을 파고 다리를 놓고 지렁이를 잡으며 신이 났다. 흙 묻는 걸 싫어하는 아이도,

지렁이를 보고 기겁하는 아이도 있었다.

감자와 상추를 심고 시간이 날 때마다 텃밭으로 가 잘 자라고 있는지 조용히 살폈다. 아이가 문제를 일으킨 날에는 마음을 삭이려 함께 밭이랑을 거닐었다. 감자꽃이 참 예쁘게 피었고, 아이는 민들레 홀씨를 불며 웃었다. 텃밭에 가면 언제나 할아버지 내외분과 이런저런 이야기를 나누었다. 할아버지 자제분도 경기도에서 나처럼 교사로 근무한다고 하셨다.

농사를 짓는 데 가장 어려운 점은 물을 대는 일이었다. 텃밭에 수도가 없어 학교 본관 앞 수도에서 물을 받아 리어카로 실어 날라야 했다. 오르막이 시작되기 전까지 있는 힘껏 도움닫기를 하면 가까스로 교문에 다다를 수 있었다. 한번은 오르막 중턱에서 힘이 부쳐 물을 다 쏟아 버린 적도 있다. 밭에 고루 물을 주려면 이렇게 두어 번은 실어 날라야 했다. 그래도 날로 색이 짙어지고 커 가는 감자를 보면서 그렇게 봄날을 보내는 것이 즐거웠다. 아이들이 함께해서 더욱 보람도 있었다.

감자를 캐는 날 아이들의 표정은 처음 텃밭에 나왔을 때와 사뭇 달랐다. 생각보다 큼직한 감자가 줄지어 올라올 때마다 아이들의 얼굴에는 즐거움과 보람이 묻어났다. 감자를 씻어 삶아 먹으며 재잘거리는 아이들에게 한마디 했다.

"다음 시간이 글쓰기 시간인 거 다 알지? 글감은 '감자 캔 날'로 하자."

아이들은 글쓰기를 싫어했지만 나름 즐거운 하루를 보낸 것 같았다.

봄날의 무 장다리꽃

2014년 7월, 혁신학교 도입을 공약으로 내세운 새 교육감의 임기가 시작되었다. 당시 우리 학교 학생들에게는 새로운 학교 문화를 정립하는 일이 절실했기에, 교직원, 학부모, 학교운영위원회의 동의를 얻어 혁신학교 공모 계획서를 제출했다.

혁신학교로 지정되자 많은 준비가 필요했다. 학교 비전을 세우고 거기에 맞는 학교 시스템과 문화를 만드는 일은 설레면서도 쉽지 않았다. 교사 다모임을 통해 지혜를 모아야 했다. 아이들에게 민주 시민 교육을 하고 토의·토론 수업을 숱하게 해 왔지만, 정작 교사들은 민주적인 협의나 토의·토론에 익숙하지 않았다. 교직원 회의는 주로 학교 행사나 업무에 관해 지시하거나 내용을 전달하는 것으로 일관해 왔기 때문이다.

우리는 회의를 진행하는 방법, 공감적 의사소통 등에 대한 연수를 받기도 하고, 다모임의 의미를 공유하고 원칙을 정하여 원활한 소통의 장을 만들기 위해 노력했다.

그런 와중에 특정 학년에서 하던 텃밭 가꾸기 활동을 모든 학년으로 확대하자는 의견이 나왔다.

"저는 농사를 지어 본 경험이 전혀 없는데 어떻게 하지요?"

"텃밭에 대한 대대적인 정비가 필요할 것 같은데요?"

걱정과 대안이 함께 쏟아져 나왔다. 몇 차례 모둠별 논의를 거치자 고민들이 하나씩 해결되었다.

학교 텃밭을 경작하시는 할아버지 내외분께는 양해를 구하고 텃밭 대부분을 정비하기로 했다. 학년별로 구역을 나눠 놓고 보니, 고학년 아이들은 밭을 일구는 일이 가능했지만, 저학년 아이들은 도움이 필요했다. 텃밭을 갈아엎을 관리기를 지인에게 빌려 오자, 솜씨 좋은 남자 선생님 두세 명이 넓은 밭을 순식간에 갈아엎었다. 농사짓는 방법은 학교 가까이에 있는 도시농업지원센터의 도움을 받았다. 학교 땅인지도 모를 정도로 관심 밖이었던 텃밭은 아이들의 이야기와 웃음소리가 가득한 곳으로 변해 갔다. 늦은 봄 학교 텃밭엔 하얀 무 장다리꽃과 노오란 쑥갓꽃이 흐드러지게 피었다.

혁신학교로 지정된 지 어느덧 6년이 흐른 지금, 교사 다모임은 학교 문화를 만들고 교육과정을 운영하는 소통의 장으로서 매우 중요한 위상을 가지게 되었다. 다모임의 결정이 존중되고 학교 운영에 반영되는 경험이 쌓이면서 모임에 활기가 생겨났고 진지한 토의·토론이 꽃을 피우게 되었다.

'자발성'으로 피우는 꽃

2020년은 코로나19로 인해 원격으로 아이들과의 만남이 시작되었다. 아이들은 아름답게 핀 봄꽃들이 다 사라질 무렵이 되어서야 학교에 올 수 있었다. 등교를 해도 생활은 답답하기만 했다. 마스크를 쓰고서 거리 두기를 해야 했고, 함께 어울리는 행동은 삼갔다. 지난해까지 일상적으로 했던 체험 활동이 제한되었고 협력 학습과 놀이는 모두 옛이야기가 되어 버렸다. 보건 당국과 교육청에서는 사흘이 멀다 하고 방역과 교육과정 운영에 관한 지침을 내려보냈고, 교사 회의는 당국 지침을 어떻게 적용할지 논의하는 데만도 시간이 모자랐다.

우리 학교의 비전과 철학에 비추어 이 상황을 어떻게 받아들이고 대처해야 할지, 어떤 덕목을 최우선 가치로 삼을 것인지 자성의 목소리가 터져 나왔다. 부장 회의, 학년(군)별 모임, 교사 다모임을 거치며 진지하고 다양한 의견들이 오갔다.

학급 내 밀집도를 낮추기 위해 인근 학교와는 달리 A조, B조로 분산하여 등교하기로 했다. 교사들은 원격 수업과 등교 수업을 병행해야 하는 어려움이 있었고, 긴급 돌봄과 방과 후 수업 운영에도 예기치 않은 관리의 사각지대가 속출했다. 긴급 상황인 만큼 단위별 회의가 수시로 열렸다. 다행히도 다모임에서 모두의 마음과 지혜를 모으니 점차 대응이 촘촘해졌고, 교육과정 운영과 생활교육도 세밀해졌다. 처음 접하는 상황이다 보니 돌발 상황이 일어날 때마다 당황하기는 마찬가지였지만 함께 힘을 모아 대처하면서 어려운 상황을 헤쳐 나갈 수 있었다.

코로나19로 인해 한참 늦은 4월 20일에야 입학식을 준비했다. 학습 꾸러미와 꽃다발, 쿠키를 담은 선물을 개인별로 포장하고, 교문 앞에는 풍선을 장식해서 포토존을 만들었다. 한 명씩 교문을 들어서며 꾸러미와 선물을 받고 축하를 받은 다음 사진을 찍고 들어가는 계획이었다. 입학식 전날 만반의 준비를 모두 마치고 퇴근했다. 그런데 그날 밤 코로나19 상황이 악화되는 바람에 이 계획은 취소되었다. 학부모님이나 아이들 못지않게 1학년 선생님들의 실망감은 이만저만이 아니었다.

다음 날 아침, 어떻게든 학습 꾸러미와 선물을 아이들에게 전달해야 했다. 어떻게 해야 할지 난감해하고 있는 것도 잠시, 모든 선생님들이 교무실로 모였다. 누가 시키지도 않았는데 택배 상자를 포장하고, 주소 라벨을 붙이고, 택배 회사를 섭외하여 9시 온라인 수업이 시작되기 전 운동장에 도착한 택배 차량에 모두 실었다.

"구성원들 모두 한마음으로 1학년 택배 발송을 도와주셔서 무사히 발송을 마칠 수 있었습니다. 진짜 동학년이 30명인 줄 알았습니다. 학년 밴드에 아이들이 꾸러미와 선물을 받고 기뻐하는 글과 사진이 속속 올라오고 있어요. 사진은 공유하지 못하지만, 저희에게 큰 위로가 되고 있습니다. 감동 또 감동⋯⋯. 감사합니다."

1학년 선생님이 말씀하셨다. 이런 다행복학교의 감동적인 문화를 느낄 수 있는 경험은 한두 가지가 아니었다.

"우리 학교에 와서 1년 동안 힘들었는데 이제는 적응했어요."

"전입하고 나서 '다모임을 왜 이렇게 비효율적으로 운영하지?' 했는데 지금은 '이게 참 좋구나!' 하는 걸 느껴요."

우리 학교가 가꾸어 온 민주적인 협의 문화, 교실 벽을 허물고 함께하는 학습 공동체에 대하여 구성원이 수용할 수 있을 때까지 기다려 주면 '자발성'으로 꽃을 피우는 모습을 많이 보게 된다.

공감 학년 배정

세 번의 다모임을 통해 내년 학년을 배정하기로 했다. 첫 시간에는 학년 구성원의 역할을 이야기했는데, 구성원이 다양성을 갖추고 조화를 이루되 부장 외에 교육과정 운영을 함께 고민하고 꾸려 가는 분이 있으면 좋겠다는 데에 의견이 모아졌다. 두 번째 시간에는 협의를 통해 학년을 배정하는 의미와 학년 배정과 관련하여 '자기 이야기'를 해 보기로 했다. 모둠별 발표가 이어졌고, 교무부장이 세 모둠의 발표를 모아, 협의를 통한 학년 배정의 의미를 '비전과 방향성 속에서 서로 조화롭게 이루어 나가는 것'이라고 정리했다. 의미를 정리한 후 전체 교사들이 둥글게 모여 자기 이야기를 하기 시작했다.

업무 처리가 치밀하면서도 감수성이 풍부한 다행복 부장이 진행을 맡았다.

"학년 이야기나 희망 학년 붙이기를 할 때면 '욕구', '희생', '가능성', '눈물' 같은 낱말이 떠오르네요. 이 자리는 서로의 이야기를 통해 내년을 계획하는 자리입니다. 자신의 역할과 어려움 등을 두루 나누었으면 해요. 솔직해야 후회가 없을 것 같아요."

올해 다른 다행복학교에서 전입해 온 선생님이 말문을 열었다.

"요즘 읽고 있는 『교사의 시선』이라는 책에 나온 말인데요. '좋은 사람과 함께하니 내 삶도 닮아 갔다.'라는 말에 울림이 컸습니다. 우리 학교에서 1년을 지내고 드는 생각은 모두 좋은 분들이니 어느 학년을 맡더라도 좋겠다는 것입니다. 올해 코로나19 때문에 자치 방송을 못해서 아쉬웠는데, 내년엔 5학년을 맡아 자치 방송을 하면 좋을 것 같아요. 물론 저학년도 관심이 있고요."

30대 후반의 이 선생님은 의욕이 넘치고 재능이 탁월하여 교육 활동에 열심인 건 물론 혁신 대학원을 다니면서 방학 때는 다행복 학교 관련 연수나 행사에 빠짐없이 참석하고 있다.

코로나19로 인해 모두가 힘들었지만 어느 학교나 1학년 선생님 들의 고충이 가장 심했을 거라 짐작된다. 교직 4년째를 맞아 올해 우리 학교로 전입해 온 1학년 선생님의 생각이 궁금했다. 유난히 올해 적응에 어려움을 겪는 아이들이 많아 보였기 때문이다.

"6학년을 희망했는데 학교 사정상 1학년을 처음으로 맡게 되었 지요. 정말 도전하는 한 해였습니다. 간혹 실수도 있었지만 동학 년 선배 선생님께서 '다행복다움'을 잘 가르쳐 주셔서 여기까지 잘 해 왔던 것 같아요. 두 분이 함께해 주신다면 또 1학년을 하고 싶은 생각이 있습니다. 한 해 더 한다면 좀 더 나아지지 않을까 하는 생각에 다시 도전하고 싶어요."

진심이 묻어나는 말을 가만가만 이어갈 때마다 우리는 가끔 고개를 끄덕이고 박수를 치거나 때로는 웃음으로 공감했다.

우리 학교 '다행복'의 싹을 틔우고 문화와 역사를 만들어 온 선생님이 계신다. 다른 학교에서도 우리 학교를 떠올리면 '아, 그분!' 하고 떠올리는 장 선생님이다.

"저는 곧 교직 경력 30년이 됩니다. 20대에 1학년 한 번, 2학년 한 번, 3학년 한두 번을 제외하고는 거의 대부분 5, 6학년을 맡아 왔어요. 지난 시절 1학년을 맡았을 때 아이는 예쁜데 제대로 보살피지 못했다는 아쉬움이 컸어요. 꼭 내년이 아니어도 되지만 퇴직 전에 언젠가는 1학년을 다시 한 번 맡아 봐야겠다고 생각하고 있어요. 그렇지만 제 아이도 크고 시간적 여유가 생겨서 어느 학년이나 갈 수 있어요. 다만 민폐를 안 끼치는 선배가 되면 좋겠어요. 나이가 들어 속도는 느리지만 깊이는 있었으면 좋겠고, 빈자리를 메워 주는 역할이라도 하면 좋겠다고 생각하고 있습니다."

참석한 모든 선생님들이 자기의 생각을 진솔하게 풀어놓았다. 눈물과 웃음이 교차하고, 긴장과 진지함이 있었다. 서로에게 격려의 박수와 지지의 몸짓을 보내 주었다. 가슴 뭉클한 이야기도 듣고 개인의 사정도 알게 되었다. 교직 경력이 많든 적든 학년 배정은 언제나 쉽지 않은 문제이고 아쉬움이 있기 마련인데, 이토록 긍정적이고 애정 가득한 다모임을 보게 되니 새롭고 따뜻한 감동이 밀려왔다.

'이런 것이 다행복 문화구나!'

마지막 시간에는 지난 1년 동안 각 학년에서 구성원들이 각자 어떤 역할을 했는지 발표하고 공유하는 시간을 가졌다. 한 분 한 분 발표를 하는 동안 모두들 진지하게 들으며 웃음과 박수로 격려해 주었다.

이제 희망 학년을 붙이는 시간이 되었다. 학년당 세 학급 중 한 자리를 비워 두고 부장(팀장) 한 명, '교육과정 이끔이' 한 명을 배정했다. 서로 조금 망설이다가 희망 학년을 이동식 칠판에 붙였다. 옹기종기 모여 칠판을 뚫어지게 보고 있는 모습이 재미있었는지 다행복 부장 선생님이 연신 사진을 찍었다.

정리된 표를 자그마한 판에 옮겨 적은 다음 교무실 구석에 걸어 두고 생각할 시간을 일주일 주기로 하였다. 며칠 뒤인 12월 21일, 조정이 완료되었다.

화수분

2021년, 우리 학교 다행복 교육 6년을 이끌어 왔던 선생님들이 대거 전출을 가신다. 걱정 끝에 언제나 학교 일에 파묻혀 지내는 교무부장 선생님과 어떤 대책을 세울지 이야기를 나눴다.

여러 번 회의를 거쳐서 다른 학교 선생님을 초빙하지 않기로 결론을 내렸다. 그렇지만 떠나는 분들의 자리를 온전히 메울 수 있을지 의구심과 걱정은 가시지 않았다.

　매주 월요일 오후에 열리는 부장 회의는 보통 3시에 시작해서 6시 정도까지 이어진다. 더 길어질 때도 있다. 학교 현안, 다행복학교 운영에 관해 토의·토론하고 공부도 한다. 요새는 『잠자는 거인을 깨워라』라는 책을 함께 읽으며 교사 리더십을 공부하고 있다.

　교사 리더십은 개성이 존중되는 학교에서 성공한다. 동료 간에 차이를 인정하고 다양성이 매우 중요한 가치라는 점을 이해해야 한다. 교사 리더십을 지원하는 학교 문화 형성 요인 중 가장 중요한 요인은 '사람 관계'이다. 동료 교사들 간의 사회적 관계가 학교 내 교사 리더십에 많은 영향을 미친다.

　　　　　　　－ 메릴린 캐천마이어·게일 몰러, 『잠자는 거인을 깨워라』 중에서

　이처럼 구성원의 개성이 강하고 다양성을 가진 조직은 화합에 어려움을 겪을 수도 있다. 하지만 우리 학교 동료 교사들 간의 '사람 관계'를 들여다보면 조금 안심이 된다.

　우리 학교에는 '화수분'이 있다. 가뭄이 들어도 마르지 않는 샘물처럼 언제나 얼마간의 돈이 유지되는 통장인데, 선배 교사와 부장 교사들이 마르지 않게 관리한다. 강연료를 넣기도 하고 때때로 마음이 움직이는 만큼 넣기도 한다. 이렇게 모인 돈은 소소하게 마음을 나눌 때 요긴하게 쓴다. 소통에 힘쓰지만 사람이 모여 사

는 곳에 어찌 갈등이 없으랴. 이런저런 과정에서 개인이 받는 마음의 상처나 아쉬운 마음을 달래 주는 일은 선배 교사들과 교육 활동 지원팀 교사들의 몫이다. 새로 전입해 온 교사, 다행복학교 운영에 주춤거리는 교사에게도 중첩적으로 관계망이 작동한다. 민주적이고 따뜻한 학교 문화, 관계를 소중히 여기는 전통 속에서 다양하고 개성 넘치는 교사들이 자발성을 꽃피우며 다행복학교의 주인으로 성장하고 있다. 선배 교사들의 전출로 생기는 공백에 대한 나의 걱정이 기우였음을 확인하게 될 거라 믿는다.

근심 많은 교사의 학생 자치 엿보기

박은숙

너희도 다 계획이 있구나!

와글와글 숲속 장터 날까지 앞으로 일주일. 이번 주 내내 지켜봤지만 교실 뒤쪽엔 크고 작은 종이 상자들만 잔뜩 널브러져 있을 뿐 장터 물품이라곤 찾아볼 수 없었다. 쉬는 시간마다 학생들이 모여 쉴 새 없이 떠들더니만 도통 일이 진행되는 기미가 안 보였다. 오늘 아침 아이 하나가 또 빈 상자를 들고 교실에 들어섰다.

숲속 장터는 학생 다모임에서 주최하는 알뜰 시장 같은 행사다. 학생, 학부모, 교사, 마을 주민들이 모여서 안 쓰는 학용품, 장난감, 옷, 신발, 액세서리 같은 물건들을 교환하기도 하고 싼값에 사고팔기도 한다. 게다가 먹거리 장터까지 보태어지면 제법 시끌벅적 다채로운 시골 장터 풍경이 연출된다.

"얘들아, 도대체 이 상자들은 언제 쓰는 거니? 이렇게 많은 게 정말 필요한 거야?"

소란스럽던 교실에 순간 정적이 감돌았다.

"장터가 당장 다음 주인데 설마 장터 하는 날에 물건 가져오는 건 아니겠지?"

순간 몇몇이 좌우로 눈동자를 굴리며 눈빛을 교환했다.

"장터 물품 모아서 분류하고 가격 매기는 건 언제 하기로 했지? 가게 이름표 만들고 꾸미고 하려면 시간이 제법 걸릴 텐데."

말을 하고 있자니 점점 열이 오르고 목소리에 힘이 잔뜩 실렸다.

"설마, 너희들 하기 싫은 일 억지로 하고 있어서 그러는 거니?"

근데 이쯤이면 뭔가 대꾸라도 있어야 하는 것 아닌가? 얘들이 왜 이러지?

"만약 그런 거면 취소해도 상관없어. 내키지도 않는데 마지못해 장터 하는 건 선생님도 반대야."

학생 다모임을 총괄 지원하는 나만 속 타는 건가? 도대체 천하 태평인 이 아이들을 어찌해야 하나?

쉬는 시간 종이 울리자마자 아이들이 후다닥 교실을 뛰쳐나갔다. 그리고 한참 지나 하나둘씩 들어왔다.

"너희들 어디 갔다 왔어?"

"다른 학년 교실에요."

"거기서 뭐 했는데?"

우물쭈물 망설이며 끝내 대답이 없다.

그날 오후, 옆 반 선생님이 나를 불러 세웠다.

"선생님 반 아이들이 와서 물품을 조금 빨리 주실 수 있냐 하던데요. 어찌나 미안해하던지……. 그렇잖아도 모은 물건들 6학년 교실로 갖다 줘야지 하던 참이었는데, 두레장인 자기들이 직접 걸으러 온다기에 저희 교실에 그냥 두고 있었거든요."

그랬구나. 아이들이 나 몰라라 뒷짐 지고 있었던 게 아니었다. 아래 학년 아이들이 장터 물품을 모을 수 있게끔 시간을 충분히 주고 있었던 거였다. 그것도 모르고 나는 일만 벌여 놓고 제대로 마무리할 줄 모르는 아이들이라고 지레 단정하며 짜증을 냈다.

학생 자치 활동을 지원하는 교사로서 아이들이 주체적으로 생각하고 책임질 수 있다는 걸 믿지 않고 있었다. 나야말로 학생 자치 활동을 제대로 이해하고 있었나? 아이들이 숲속 장터를 어떤 모양새로 만들어 갈지 기대하고 기다려 주지 못할망정, 혼자 초조해하며 아이들을 의심하고 있었다니. 내가 그린 그림 속에 아이들을 끼워 넣고 조정하고 싶었나 보다.

장터는 잘 마무리되었다. 두레장 평가 모임 날, 나는 그간의 내 미안한 마음을 털어놓아야 할 것 같았다.

"여러분, 미안해요. 와글와글 숲속 장터를 함께해 보자고 해 놓고 우리 친구들을 믿지 못하고, 아무것도 안 하는 것 같다며 혼자 실망하고 짜증을 냈네요."

"에이, 뭘 그런 말씀을. 괜찮습니다."

한 아이의 지체 없는 용서에 마음이 놓이려는 찰나, 또 다른 아이가 한마디 던졌다.

"선생님, 저희 그런 사람 아닙니다."

앗, 뭔가 들킨 이 기분. 그래, 너희는 그런 사람이 아니었어. 겉으로는 너희를 믿는다고 하면서 속으로는 '잘 할 수 있을까, 안 될 거야.' 의심하고 부정했던 나야말로 '그런 사람'이었다.

'어린이'란 말이 '얼이 깃든 아이'란 뜻이라 했던가. 사람을 사람이게 하는 게 바로 '얼'이다. 교사로서 내가 해야 하는 가장 중요한 일은 학생들이 지닌 얼을 있는 그대로 바라보는 것이다. 동등한 교육 주체로 존중해야 할 아이들을 번번이 가르치고 변화시킬 대상으로 생각해 왔으니 어쩌면 아이들이 본래 지녔던 자발성이 나 때문에 제한되었던 건지도 모르겠다. 아이들을 제대로 알고 바라보는 교사가 되려면 아직 멀었다.

가장 어두운 순간에 빛나는 가장 아름다운 색깔

학생 다모임 두레 캠프 첫날 저녁 7시. 3학년에서 6학년 아이들이 두레별로 저녁을 해 먹고 운동장에 모였다. 이름하여 달빛 산행. 어제 내린 폭우로 산길을 제대로 걸을 수 있으려나 걱정스러웠다. 낮에 해가 바짝 들긴 했지만 산길을 마른 상태로 되돌리기엔 모자란 시간이었다.

"정말 산에 가야 할까요?"

"미끄러울 것 같은데, 괜찮을까요?"

아이들보다 선생님들의 걱정 소리가 더 크게 들렸다.

"서두르지 말고, 무엇보다도 안전하게, 조심해서 걸어야 해요!"

숲 체험 강사 선생님이 당부를 한 뒤 함께 준비 체조를 했다. 이윽고, 두레별로 출발. 동문에서 3, 4망루를 거쳐 북문으로 내려올 계획이었다. 여름으로 접어든 7월이라 저녁에도 주위가 훤했고 뜨거웠던 한낮의 열기가 식자 제법 상쾌하기까지 했다.

본격적으로 산길에 들어서자, 아니나 다를까 여기저기 움푹 팬 웅덩이가 보였다. 좁은 산길을 줄지어 가는 탓에 웅덩이를 돌아갈 여유가 없었다. 밤눈이 어두운 나는 잔뜩 긴장이 되었다. '발목이라도 삐끗하면 큰일인데…….' 아이들 앞이라 힘든 티도 못 내고, 눈을 부릅뜨고 마음을 다잡았다.

"발밑 조심하세요!"

"미끄러워요. 나뭇가지 밟지 마세요!"

"앞에 물웅덩이 있어요. 천천히, 천천히."

어, 이건 어른 목소리는 아닌데. 내 앞쪽 어딘가에서 나는 목소리를 따라가 보니 4학년 남자아이였다.

'아니, 쟤한테 저런 면이 있었나?'

두레 회의 때는 좀체 가만히 있질 못하고 부산스럽게 여기저기 기웃거리던 아이였는데, 침착하고 세심하기까지 한 모습이 무척 낯설고 신기했다.

산길은 예상보다 심각했다. 한 발짝 내디딜 때마다 발바닥이 미끄러지며 몸이 휘청거렸다. 이러다 누구 한 사람이 넘어지면 줄줄이 큰일인데. 갈팡질팡 불안해하며 발걸음을 옮기는데 누군가 뒤에서 손전등으로 발밑을 비춰 주었다.

"서두르지 마세요. 잘 보고 가세요."

이번엔 더 어린 여자아이 목소리다. 저 작은 몸에서 저런 마음이 나온다고? 교실에 조그만 벌레 한 마리만 들어와도 기겁을 하며 호들갑을 떨던 아이들 아니었나?

한 시간 반 남짓 걸었을까. 산행이 더욱 힘들어졌다. 안개가 갈수록 자욱해지다 급기야 1미터 앞도 제대로 보이질 않았다. 앞으로 가기도, 돌아서기도 난처한 상황.

"할 수 있어요. 다들 힘내세요."

내 마음속에 들어왔다 나간 걸까. 이번엔 6학년 아이였다.

말 전달하기 놀이하듯 "조심! 조심!" 하고 외치는 소리가 맨 뒤까지 이어졌다. 드디어 3망루 도착. 손전등으로 서로를 비추며 생존 여부(?)를 확인하고 한 명 한 명 상태를 살펴보았다. 다들 꼴이 말이 아니었다. 습기 때문인지 땀방울인지 축축하게 젖은 머리카

락에다 바지는 온통 흙투성이었다. 심지어 여기저기 흙구슬을 매달고 있는 아이들도 보였다.

"와, 우리가 3망루까지 왔어요."

가쁜 숨을 내쉬면서도 환하게 웃는 얼굴들에는 뿌듯함이 가득했다.

"지금 우리는 깨어 있지만 산에 사는 생명들은 곤히 잠든 시간이에요. 그러니 목소리를 낮추고 여기까지 무사히 도착한 우리 모두를 칭찬해 줍시다."

아이들은 두 손을 힘껏 엇갈리며 서로에게 날개 박수를 보냈다.

목적지까지 나아가는 건 위험한 것 같아 그만 돌아가기로 했다. 여기저기서 아쉬운 듯 탄식이 새어 나왔다. 그러다 이내 이어지는 소리.

"앞에 나뭇가지 밟지 마세요. 미끄럽습니다."

"천천히, 천천히."

사람이 어울려 만들어 내는 장면 중에 이보다 아름다운 순간이 있을까?

북문에서 동문까지 걸어간다. 어둡지만 달이 비추는 볼을 보고 걷는 거다. 너무 어두우면 볼빛을 켜도 되지만 조금 어두우면 끄는 게 좋다. 볼을 켜면 더 잘 안 보인다. …… 이번 달빛 걷기는 작년보다 더 재미있었던 것 같다. 작년에는 길을 잃어서 다른 코스로 헤맸는데 올해는 등불을 켜고 길을 알려줘서 친구들과 재밌게 걸었다.

– 학생 소감 1

걷다 보니 점점 어두워지는 게 보였다. 그리고 캄캄해지더니 엄청난 풍경이 펼쳐졌다. 도시 불빛이 밝게 빛나서 마치 보석처럼 보였다. 너무 아름다웠다.

– 학생 소감 2

아이들은 저마다 다른 색깔 주머니를 가지고 있는 것 같다. 아이들과 함께 생활하는 동안 나는 주머니 속 어디까지 들여다본 것일까? 학교 운동장, 수업 시간, 언뜻 보이는 작은 일부분으로 아이들 성격을 섣불리 규정짓고 장단점을 가르고 점수를 매겨 왔다. 세상 어떤 생명도 가만히 머물러 있지 않건만, 하물며 아이들이 자라는 모습을 가장 가까이에서 지켜보는 교사로서 이래도 되었던 걸까? 가슴이 덜컥 내려앉았다. 가장 어두운 순간에 맞닥뜨려서야 비로소 아름다운 색깔들이 보였다.

이름만 여러 개인 놀이터

2018년 6월, 이달 다모임 주제는 '우리 손으로 만드는 조금 특별한 놀이터'였다. 3학년 아이가 제안한 안건을 어떻게 진척시킬까 고민하다 다모임 게시판에 올렸다.

1. 여러분은 누구랑 어디서 무엇을 하면서 노는 편인가요?

2. 우리 학교에서 가장 놀기 좋은 곳은? 그 까닭은?

3. 우리 학교에 꼭 있었으면 하는 놀이기구나 시설은?

4. 우리가 만드는 놀이터에 새로운 이름을 붙여 주세요.

5. 내가 상상하는 놀이터 모습을 자유롭게 그려 보아요.

쉬는 시간 게시판 앞이 북새통이었다. 글 쓸 줄 모르는 1학년들까지 이것저것 물어가며 열심히 쪽지에 끄적이고 있었다. 학생들이 낸 의견은 내 예상을 적잖이 빗나갔다. 학년이 올라갈수록 운동장 놀이터에서 놀기보다는 학교 본관 뒷마당이나 계단, 텃밭에서 잡기 놀이나 공놀이를 한다는 의견이 많았다. 놀이터는 1~2학년들이 모래놀이를 하기엔 좋지만 나머지에겐 시시했던 모양이다. 아파트 놀이터 같은 놀이 공간들이 여러 번 변하는 동안 학교 놀이터는 크게 달라진 게 없으니 질리는 것도 당연했을 것이다.

우리 학교에 꼭 있었으면 하는 놀이기구나 시설로 가장 많이 나온 건 그네였다. 숲 체험 활동하면서 혼자 타는 그네나 여럿이 함께 타는 회전 그네를 맛보았던 기분을 아직 간직하고 있는 아이가 많은 듯했다.

지금 어른들은 학창 시절을 생각하면 운동장 한구석에서 그네가 흔들리는 장면을 당연한 듯 떠올릴 수 있지만, 지금 아이들은 놀이터에 그네가 있었다고 하면 놀라워한다. 안전사고 위험 때문에 전국의 많은 학교에서 그네를 없앴기 때문이다.

그네 말고도 나무집(Tree house), 짚라인(Zipline), 뱅뱅이(돌아가는 컵), 트램펄린, 암벽, 밧줄, 바닥 그림, 생각나는 놀이기구는 모두 적어 놓았다. 그래 무슨 꿈인들 못 꾸겠니? 구름사다리 아래에 안전용 카펫을 깔자, 놀이터 쪽에도 식수대와 쓰레기통이 있으면 좋겠다, 이런 의견은 그래도 현실적이었다.

학생들 의견을 정리해서 교사 다모임방에 올렸다. 다들 난감하다는 반응이었다. 예산 확보도 문제고, 안전성 검사를 통과하는 것도 쉽지 않을 것 같았다. 늘 그렇듯 좀 더 시간을 두고 충분히 고민해 보자고 결론지었다. 7월 학생 다모임에 이런 얘기를 들려주니 선생님들 의견을 존중하며 기다려 보겠다고 했다. 그리고 한 학기가 지나 12월, 일 년 다모임 활동을 마무리하는 자리였다.

"놀이터는 도대체 언제 바꾸나요? 1학기 때 우리가 열심히 의논했는데 지금까지 달라진 게 없어서 말이에요."

처음 놀이기구 설치를 건의한 3학년 아이였다.

"선생님들 고민은 언제 끝나나요?"

사실 2학기 내내 별다른 논의는 없었다. 학교 공간 혁신을 위한 큰 그림에 놀이터도 넣어 보자는 의견은 있었지만, 구체적으로 진행된 건 없었다. 아이들은 이런 속사정을 알지 못한 채, 자신들이 바라는 놀이터가 곧 만들어질 거라 철석같이 믿고 기다려 왔었나 보다.

"어른들은 원체 이런저런 생각도 많고 걱정도 많아요. 그리고 무엇보다 여러분들이 안전하게 뛰어놀 수 있어야 하고, 이왕 만들 거면 더 근사하고 멋지게 만들면 좋지 않겠어요? 선생님들이 조금 더 고민할 시간을 주면 안 될까요?"

썩 마음이 편치 않은 변명이었다.

해가 바뀌고 학년 초가 되자, 아이들은 새해 학생 다모임에서 같이 해 보고 싶은 것을 발표했다. 5학년 아이가 손을 들었다 내렸다 머뭇거리기에 말을 해 보라고 하니 한참을 망설이다 어렵게 입을 떼었다.

"저, 이 자리에서 놀이터 이야기를 다시 꺼내도 될까요?"

아이들은 이미 알고 있는 걸까? 자신들이 꿈꾸고 기대하는 이야기가 교사들 마음속에 늘 와닿는 건 아니라는 사실을.

6월, 교사 · 학생 열린 마당. 선생님들과 학생들이 학교에서 벌어지는 모든 일들에 대해 솔직하게 이야기를 나눠 보자는 뜻에서 만든 자리였다.

학교에서 공부하고 놀면서 불편하거나 고쳤으면 하는 시설이 있나요?

학생들에게 미리 질문지를 나눠 주고 함께 이야기해 보면 좋을 답변을 미리 골라 보충할 부분이나 더 추가할 말이 있는지 준비해 두었다.

"5층 옥상 문이 가끔씩 열려 있습니다. 저학년 동생들이 들어가서 놀다가 다칠 수도 있어요. 자주 확인하고 잠가 주세요."

"축구 골대 페인트가 벗겨져서 긁힐 위험이 있어요. 골대 그물도 찢어져서 공이 계속 뒤로 나가요."

"날이 부서지고 손잡이가 녹슨 호미가 많아요. 물뿌리개도 부족하고요."

"놀이터에서 놀다 보면 수업 시작 음악이 잘 안 들려요. 등나무 쪽에 스피커를 하나 더 설치해 주시거나 종소리를 더 크게 틀어 주셨으면 좋겠어요."

교사들이 미처 살펴보지 못한 부분까지 세심하게 들여다보고 있는 아이들이 많았다. 놀랍고 대견했다. 말하는 사람도, 듣는 사람도 진지한 자리였다. 활발하게 의견과 질문, 답변이 오가던 중 놀이터에 관한 선생님들의 생각을 이 자리에서 듣고 싶다는 이야기가 나왔다. 교장 선생님이 직접 나서서, 당장 놀이터를 싹 바꾸지는 못하지만 학생들이 낸 의견을 최대한 반영하겠다고 말씀하셨다.

그 후로도 놀이터 프로젝트는 여전히 진행 중이다. '세상에 단 하나뿐인 놀이터', '뒤죽박죽 놀이터', '놀다가 가자', '평화월드'. 이름들은 계속해서 만들어지고 있지만, 그 이름에 걸맞은 현실 공간은 아주 더딘 속도로 나아가고 있다.

다정한 어린 이웃

졸업생들이 놀러 왔다. 코로나19는 아이들 학교 가는 길조차 버
겁게 만들어 놓았다. 학교가 이렇게 그리울 줄 몰랐다고, 집에서
원격 수업 받고 있으니 온몸이 쑤셔서 잠깐 바람 쐬러 왔단다.

"선생님, 동생들은 말 잘 듣나요?"

"다 그렇지 뭐."

너희들이랑 별반 다르지 않아.

"만만치 않은 아이들도 꼭 하나둘 있지요?"

아니, 그새 철이 들었나? 헤아려 주니 고맙긴 하다.

"선생님, 동생들이 저희 생각하나요?"

"후배들 생각나니? 너희들 모두 동생들 챙기느라 힘들었잖아."

작년 초에 있었던 일이다. 1학년들에게 학교를 구경시켜 준다
고 다들 신이 나서 나가더니 금세 녹초가 되어 돌아온 적이 있다.
처음에는 동생들이 잘 따라다니는 듯했지만, 목마르다, 다리 아프
다, 배고프다 징징대자 적잖이 당황했단다. 달래기도 하고, 웃긴
표정도 짓고, 어부바도 해 주고, 심지어 십 분 넘게 업고 다닌 아
이도 있다고 했다.

달마다 마지막 주 수요일에는 모든 학년이 두레별로 모여 점심

을 먹었다. 그런데 하필 이날 급식에 생선이 나온 바람에 동생들 가시를 발라 주느라 동생들이 밥을 다 먹을 때까지 밥 한술 뜨지 못한 아이들도 있었다.

"동생들이 잘 먹으니 충분해요. 저도 어릴 때 이랬겠죠?"

이 아이들은 도대체 어디서 이런 걸 배운 걸까? 또래끼리 있을 땐 고집불통인 아이들도 동생들 앞에선 먼저 말할 기회를 주고 끝까지 듣고 차근차근 알려 주려 애쓴다. 학생 다모임 활동을 하지 않았더라면 너희 안에 담긴 존중과 배려의 씨앗을 볼 기회가 없었겠지. 인간관계는 시시비비나 이해득실로 맺어지는 게 아니라는 걸 아이들은 이미 마음으로 느끼고 있는 것 같다. 나이 들면 이런 마음씨를 숨겨야 하는 세상이 야속하고 안타깝다.

　요즘 나를 귀찮게 하는 것은 1학년 남동생들이다. 점심을 먹고 나면 놀아 달라며 나를 잡는다. 또 협박을 한다. "안 놀아 주면 쓰레기통(분리수거장)에 가둔다." 못 놀아 줄 것 같다고 해서 벌써 몇 번 갇혔다. 귀엽기는 한데 프로젝트 ppt도 만들어야 되고 좀 쉬고 싶기도 해서 귀찮다. 아무튼 형이 너무 자주 놀아 주진 못할 것 같지만 한 번씩은 놀아 줄게.　　　　　　　　　　　　　　　　　－ 학생 소감 1

　요즘 나를 행복하게 하는 것은 바로 우리 학교 친구들이다. 7시간 넘게 친구들과 있다 보면 재미있는 일, 웃긴 일이 많이 생긴다. 대화하는 것도 재밌고 친구들끼리 하는 행동을 보면서 많이 웃게 된다. 1~5학년 동생들을 만날 때 가끔 나를 "핫바"라고 부르는데 그럴 때마다 나를 친하다고 생각하는 것 같아 고맙다. 전학 온 지 얼마 되지 않아 처음엔 어색했지만 친구들과 동생들 덕분에 잘 적응하고 있다. 고맙다. – 학생 소감 2

아침 활동을 하고 있는데 창문 너머로 누가 빼꼼 고개를 내민다. 1학년 두 녀석이다.

"너희들이구나. 어쩐 일이야?"

한참을 수줍은 듯 엷은 미소만 날리며 우물쭈물 하더니,

"언니 보려고요."

한다.

애들아, 지금처럼 앞으로도 서로 아껴 주고 보듬으며 살아가자. 힘들 땐 말벗이 되어 주고 손 내밀어 주며 다정한 이웃으로 살자.

나의 대천마을

김경희, 남수경, 남언영

화명 트리오

"트리오 샘, 이번 연수 다 참석하나요?"

"당근 다 가죠. 트리오인데요."

많은 선생님들이 우리를 트리오라고 부른다. 우리도 스스로 트리오라며 행복하게 서로에 묶여 있다. 5년 전 우리는 6학년 동학년 선생님으로 만났다. 초등학교에서 6학년은 생활 지도하는 데 어려움이 가장 많은 학년이다.

'그런 일이 있었어? 속상했겠다. 그럴 땐 이렇게 하는 게 어떨까?'

서로의 경험을 말해 주며 어느새 우리는 동학년 샘이 아닌 동지가 되었다. 우리는 학교를 변화시키고 싶었고, 혼자였다면 엄두도 못 냈을 일에 도전했다. 도전은 상처로 돌아오는 때가 더 많았지만 혼자가 아니었기에 다시 도전할 수 있었고, 동료 선생님들과 함께하며 다행복학교라는 결실을 맺게 되었다. 그때부터 다른 학교 선생님들이 우리를 '화명 트리오'라고 부르기 시작했다.

다행복학교 교사로 살아가는 우리는 여전히 좌충우돌 새로운 도전을 하고 있다. 아이들이 언제까지나 따뜻한 대천마을을 기억할 수 있도록. 우리 학교 선생님들, 그리고 마을과 함께 말이다.

차려진 잔칫상에 숟가락 하나 올리고

"어서 오세요, 대환영이에요."

"드디어 학교 문이 열렸네요."

맛난 빵과 따뜻한 커피를 차려 놓고 격하게 맞아 주던 마을교육공동체와의 첫 만남이 떠오른다. 그때 우리는 들떠 있었다. 마을 사람들과 수업을 이야기하는 새로운 경험이 막 시작되었기 때문이다. 그리고 마을 회의에도 참석하는 깨어 있는 교사라는 생각에 어깨에 뽕도 살짝 들어갔다.

학교 문이 열리기를 기다리고 있던 대천마을교육공동체는 학교와 마을이 함께할 수 있는 여러 방안을 고민하고 있었다. 학교 문이 굳게 닫혀 있던 동안 마을 사람들이 해 온 고민과 실천들은 참으로 놀라웠다. 교사인 우리보다 더 크고 넓은 시각으로 교육을 바라보는 동시에 마을 안에서 함께 살아가는 방식까지 아우르고 있었다. 답이 없을 것 같던 문제들도 함께 이야기하다 보면 실마리가 보였고 엉킨 실타래가 조금씩 풀려 갔다.

대천마을교육공동체의 정기 모임은 주로 퇴근 후인 7시 30분쯤 시작된다. 하루 일과로 지친 몸은 절인 배춧잎 같았지만, 아이들 교육에 관해 이야기하다 보면 어느새 10시가 훌쩍 넘어 갔다. 같은 곳을 바라보는 사람들과 함께 희망을 이야기하는 자리, 그리고 마을교육공동체의 소중한 가치를 체험하는 따뜻한 자리. 돌아오는 길, 몸은 피곤해도 각성된 생각으로 마음은 흥분됐고, 그 흥분이 다시 새로운 학교 만들기에 도전하는 에너지가 되었다.

교육 전문가는 당연히 교사인 우리리고, 마을의 인적·물적 자원을 적절히 활용한 수업이 마을 연계 교육과정이라고 생각했었다. 그러나 마을교육공동체와 만남을 거듭하면서 자만에 빠진 우리 모습에 직면하고 부끄러워졌다. 누가 볼세라 어깨뽕을 슬쩍 빼서 저 멀리 던져 버렸다.

마을에서 열심히 차려 놓은 잔칫상에 숟가락 하나 달랑 올려놓으며 시작했던 마을 연계 교육과정은 아직 부족하고 더디지만 머리를 맞대고 더 나은 방향으로 나아가고 있다. 그리고 우리는 학교가 마을과 진정으로 협력하는지, 마을을 진정한 교육의 동반자로 받아들이고 있는지를 계속해서 되돌아본다. 마음을 열고 마을과 함께 더 배우기 위해.

마을과 함께했던 우리들의 즐거운 추억들을 떠올리며 더 행복해질 우리의 대천마을을 꿈꾸어 본다.

동네 한 바퀴 프로젝트

무작정 차 한 잔을 들고 교장실로 갔다. 그동안 안전 문제로 미루어 왔던 체험 수업을 이제 시작할 수도 있지 않을까 하는 희망이 생겨서다. 2학년 교육과정은 이렇고, 작년에는 이랬고, 안전이 걱정되시겠지만 철저히 안전 교육을 하겠노라고. 우리가 하고 싶은 수업 이야기보다 사족이 더 많이 붙었다. 지레 걱정을 안고 간 탓이다.

"그럼 그리 해 보세요."

이건 뭐지? 이렇게 쉬운 거였어? 우리는 갑자기 하고 싶은 일들이 샘솟았다.

"샘, 얘기 들었죠? 교장 선생님께서 동네 한 바퀴 체험 수업, 해도 된다고 하셨어요. 하하"

1, 2학년 선생님 여덟 명이 함께 카페에 앉았다.

"우리 이번 동네 한 바퀴 단원 수업은 마을교육공동체와 함께 하는 것은 어떨까요? 우리가 손만 내밀면 정말 잘 도와주실 것 같아요."

"다음 주에 회의 있죠? 그러면 그날 이야기해 봅시다."

"아이들 의견도 들어 봐요."

교과서를 꺼내고, 지도서에 밑줄을 치고, 정보를 검색하고, 일정을 잡고, 모든 일이 일사천리였다. 3주에 걸친 동네 한 바퀴 프로젝트는 이렇게 시작되었다.

아이들이 만날 수 있는 마을 어른들은 누가 있을까? 가급적 다양한 직업에 종사하시는 분들을 많이 만나면 좋을 텐데. 마을교육공동체 선생님들은 이것도 가능할 것 같고, 저것도 가능할 것 같고, 우리보다 더 신나 보였다. 공동의 목표를 갖고 서로 다른 환경에 있는 어른들이 힘을 합쳤다.

아이들과 마을 나들이를 위한 계획을 세웠다. 학반의 경계를 허물고 학년 전체로 다모임을 하였다. 강당을 확보하지 못해서 좁은 다목적실에서 하는 다모임은 소란함 그 자체였다. 어딜 가나 제대로 참여하지 않고 훼방 놓는 아이들은 있기 마련인가 보다. 하라는 토의는 하지 않고 장난질에 싸움질까지. 하지만 계속되는 다모임과 모둠 활동으로 학반의 경계는 사라졌고 열심히 의논하는 모습에 흐뭇한 미소가 지어졌다.

"인터뷰할 마을 어른 여덟 분을 구했어요."

이틀 만에 마을교육공동체 대표님한테 소식이 왔다. 인터뷰할 어른들이 계신 장소에 따라 나들이 구역을 나누어 모둠을 편성하였다. 마을 지도를 구역별로 편집하고, 학습지를 만들고, 학부모님을 그림자 선생님으로 모셨다. 퇴근길에 아이들이 걸어 다닐 길을 답사하며 위험한 곳은 없는지, 시간은 얼마나 소요될지 확인했다. 또 마을 어른들과 만나 이야기할 때 무엇을 준비할지 점검했다. 선생님들은 우리 아이들이 사는 곳을 이제야 좀 알겠다며 좋아했다. 그림자 선생님으로 도와주실 학부모님이 안 계시면 어쩌나 걱정했는데, 연락드리는 분마다 마치 기다리고 있었다는 듯 선뜻 함께하겠다고 하셨다.

드디어 마을 나들이 가는 날. 노란색 안전 조끼를 입은 학부모님들이 아이들 뒤를 따랐다.

"애들과 마을 나들이를 같이 간다니 너무 좋네요. 호호호."

학부모님들은 아이들만큼이나 들떠 보였다. '여기는 자주 가는 자장면 집이에요.', '여긴 엄마랑 왔었어요.' 익숙한 장소를 지날 때마다 여기저기서 정신없이 말들이 쏟아졌다. 대천마을이 시끌시끌했다. 평소 곧잘 다니던 길을 가면서도 뭐가 그리 설렜을까? 친구들과 같이 걸어서 좋았을까?

우리는 마을교육공동체에 소속된 작은 마을 서점 '북적북적'에 가는 모둠을 따라갔다. 아이들은 가져온 음료수를 마시자마자 질문을 시작했다. 작은 메모지 이외에는 아무것도 가져오지 않기로 했는데 꼭 가방을 메고 오고 싶다며 부득부득 고집을 부렸던 아이가 집에서 준비했다며 마이크를 꺼냈다. 가방은 그래서 필요했던 거다. 대답하는 말을 듣기보다 서점 안에 있는 만화책을 보느라, 스크린이 설치된 영화방을 보느라 부산스러웠다. 여기서 과자 먹으며 영화 보면 딱이겠다며 드러눕는 아이도 있었다. 그림자 선생님이 되어 주신 어머니들이 사진을 찍고 인터뷰하는 어르신을 영상에 담아 주셨다.

촬영한 영상은 밴드에 올리고 학교에 돌아와 다른 모둠 아이들과 함께 시청했다. 각 모둠별로 정리한 내용을 발표하고 퀴즈도 내며 활동을 공유하는 시간도 가졌다. 보건소에 다녀온 모둠은 양옆에 인형을 끼고 왔다. 꽃집에 다녀 온 아이들은 화분을 선물로 받았다. 선물에 관한 소유권 분쟁으로 잠시 티격태격했으나, 일단 교실에 놓고 함께 누리기로 합의하였다. 학년을 마칠 때는 화분과 인형의 주인을 뽑기 위한 학생 다모임이 열렸다. 나에게 이 인형이 얼마나 가치 있는지 눈물로 호소하는 아이도 있었고, 나보다 이 화분을 더 잘 키워 줄 친구에게 양보하겠다는 대견한 아이도 있었다. 동네 한 바퀴 프로젝트는 여러모로 우리에게 남겨 준 게 많았다.

동네 한 바퀴 프로젝트는 직업 놀이로 마무리되었다. 직업 놀이 하는 날, 1학년 동생들도 손님으로 참여하고 선생님들도 여러 분 오셨다. 아이들이 동네를 다니면서 본 것, 친구들과 함께 조사한 것, 오며 가며 주워들은 것 등을 다 동원해서 역할극 대사도 지어내고 소품도 준비했다. 선생님들은 계속 시간이 없다고 보채고, 아이들은 자꾸 시간을 더 달라 하고. 도대체 그 열정과 흥이 어디서 나왔는지, 그냥 노는 아이가 한 명도 없었다.

"어머나, 귀여워라! 동생한테 야무지게 설명도 해 주고 립밤도

발라 주고……. 입술 움직이는 것 좀 봐요."

"쟤는 수업 시간에는 다른 아이들 활동할 때 주로 훼방만 놓던데, 와, 어쩜 저리 열심일까요?"

직업 놀이가 끝나고 모두 모여서 성찰하는 다모임 시간을 가졌다. 사실 먹고, 뛰고, 장난치고, 웃고, 그게 다지, 뭐 있겠나 싶었다.

"직업을 갖는 건 참 힘든 일 같아요."

"손님이 안 오면 돈도 못 벌고 심심한데, 너무 많이 오면 돈은 많이 벌고 재미있겠지만 너무 힘이 들 것 같아요."

"일을 하시는 분들께 감사해야 할 것 같아요."

예상과 달리 결과는 기대 이상이었다.

뒤에 쓴 것처럼 지나갔던 동네 한 바퀴 프로젝트. 함께 되돌아보고 마무리하는 시간까지도 힘들었지만 그만큼 보람찬 시간이었다. 아이들도 그랬고 참여한 교사와 학부모들 얼굴에도 생기가 넘쳤다. '우리 마을 너무 좋지 않아요? 내년에는 더 재밌게 재구성해 볼까요?' 마주하는 얼굴마다 발그레 자부심이 차 있었다.

우리 마을 이야기꽃이 피었다

그동안 우리 학교는 대천마을교육공동체와 여러 가지 활동을 함께해 왔다. 추천 도서 읽기, 마을 이야기 수업, 생태 체험, 마을 축제 등. 교육과정과 연계하여 학교와 마을이 함께할 수 있는 다른 활동을 고민하던 차에 우리는 3~4학년 사회 교과에 나오는 마을의 역사와 공간에 대한 내용에 주목하게 되었다.

마을교육공동체 정기 모임에서 사회 수업에 대한 이야기를 나누었다. 우리는 교과서만 보고 하는 수업 말고, 우리 마을에서 의미 있는 장소를 직접 찾아보고 마을 어른들이 기억하는 옛이야기들을 직접 들어 보자는 데에 의견을 모았다.

"3, 4학년 사회 교과서 좀 빌려 갈 수 있을까요?"

회의가 끝날 무렵, 대표님이 뜻밖의 말을 건넸다. 우리는 단순히 아이들과 학교 밖을 나서는 것만도 의미가 있다고 생각했는데, 이렇게 마을 분들이 더 적극적으로 마음을 내어 주시니 고맙기도 하고 부끄럽기도 했다. 이후 몇 차례 회의 끝에 체험 수업의 방향이 정해졌고, 3학년 아이들과 마을 역사를 찾아 나섰다.

활동 시작 전, 반 아이들을 세 개 모둠으로 나누고 모둠원의 역할을 배정했다. 이끔이(전체 모둠장), 도우미(모둠원 챙기기), 길잡이(지도를 보며 위치 확인하기), 응급 대원(구급약 챙기기, 다친 아이 챙기기), 기록이(모둠이 움직인 경로, 알게 된 사실 기록하기). 역할을 맡기니 아이들의 표정이 사뭇 비장해졌다. 통합반 친구까지 한 명도 놓치지 않고 챙기려는 굳은 의지가 드러났다.

마을 나들이를 가는 날, 마을 활동가분들이 교실에 도착했다. 미션 나들이가 어떻게 진행되는지 설명을 듣고 난 뒤, 아이들이 맡은 역할을 한 번 더 확인했다. 미션지를 뽑고 마을에서 미리 준비해 온 지도와 질문지를 챙겼다. 드디어 출발이다. '지농담 모둠 모여라!', '고모당 모둠 파이팅!' 시끌벅적한 응원 소리가 정겨웠다.

우리 반이 미션을 수행하면서 찾아가야 하는 장소는 모두 세 곳으로, 지농담, 고모당, 윤씨문중입향조 무덤이었다. 오늘은 아이들이 선생님이다. 수업을 주도해야 하는 아이들은 여느 때보다 들뜨고 활기차 보였다. 걱정과 달리 아이들은 기대 이상으로 잘해 나갔다. 지도만 보면서도 미션 장소를 척척 찾아냈다. 게다가 마을 활동가 분들도 그림자 선생님으로 아이들을 든든하게 살펴 주셨다.

"예전에는 물도 아주 깊고 넓어서 큰 물고기도 많았어요. 개구쟁이 아이들이 물고기를 잡아서 학비에 보탤 정도로."

지농담에 관한 옛이야기를 들려주시며 할아버지는 아득히 먼 추억을 되짚으셨다. 그 눈빛이 닿는 저 깊은 곳까지 지농담 물이 차 있었을 것이다.

고모당을 찾은 아이들은 경로당에 가 어르신들로부터 대천마을을 지켜 주는 고모당 신, 당산나무, 당집 이야기를 들었다.

"고모당은 옛날부터 우리 마을을 지켜 주는 신을 모시는 곳이란다. 저 짝은 할배신이고 이 짝은 할매신이다."

"저 돌이 신이라고요?"

아이들은 신기해하며 당집을 들여다보았다.

윤씨문중입향조 무덤은 학교에서 가장 먼 곳에 있었다. 멀다고 투덜대던 아이들은 먼저 와서 기다리고 계시던 마을 학교 교장 선생님이 들려주시는 '윤소 할아버지 이야기'를 듣고 나자 마치 자신들이 마을의 터줏대감이라도 된 듯 으스댔다. 윤소 할아버지가 살던 옛날 우리 마을이 아이들에겐 그렇게 자랑스럽게 느껴졌나 보다.

나들이를 마치고 돌아와 소감을 나누는 시간을 가졌다.

"지농담 출렁다리 위에서 점프할 때가 제일 재미있었어요. 제가 제일 높이 뛰었거든요."

"아니거든? 내가 더 높이 뛰었거든?"

끝나지 않을 것 같던 소감 나누기가 잦아들자 마을교육공동체에서 준비한 선물이 도착했다. 명예 주민증! 한 명 한 명 이름을 불러 주며 마을 활동가 선생님들이 주민증을 나누어 주었다. 쑥스러운 표정으로 주민증을 받아 든 아이들은 다시 쏙닥쏙닥 이야기에 빠져들었다.

나들이 후 다시 찾아 온 사회 시간, 활동을 함께했던 모둠끼리 모여 미션 장소 세 곳을 소개하는 빅북을 만들었다. 여러 시간에 걸쳐 아이들이 만든 빅북은 다행복한마당에도 전시되어 대천마을을 소개하는 데 한몫을 톡톡히 했다.

"다른 사람들은 뭐라 할지 몰라도 우리가 직접 경험한 걸 책으로 만드니까 너무 뿌듯하고 평생 잊지 못할 것 같아요."

마을 나들이에 앞장서서 참여했고, 평소에 그림을 잘 그리기도 해서 누구보다 빅북 만들기에 열정적이던 예린이가 했던 말이 아직도 귓속에 맴돈다.

한 번의 수업을 위해 마을교육공동체와 마을 활동가들이 움직이고 어르신들이 함께해 주셨다. 사십여 명이 넘는 마을 분들이 참여했으니 그야말로 아이들을 위해 온 마을이 나선 것이다. 시작부터 쉽지 않았고 과연 이런 활동이 가능할까 하는 우려도 있었다. 그러나 이런 게 가능한 곳, 그곳이 바로 우리 대천마을이다.

중학생 되어서도 오면 안 되나요?

마을교육공동체 대표님이 학교 텃밭을 마을 주민들과 함께 가꾸어 보면 어떻겠냐며, 우리에게 퍼머컬처 활동가들의 강의를 들으러 가자고 하셨다.

"네, 갈게요."

그런데, 퍼머컬처? 그게 뭐지? 퍼머컬처는 영국에서 시작된 지속 가능한 농업 활동으로, 땅속 미생물부터 땅 위 벌레, 다양한 식물들까지 자연의 조화를 중요하게 여기는 농업이라고 한다. 강의 영상에 나온 밭의 모습이 아름다웠다. 우리나라에서 흔히 볼 수 있는 밭고랑 모습은 아니었다. 작물이 한 줄로 가지런히 줄지어 있는 것이 아니라 나선형이나 피자 모양으로, 크고 작은 식물들이 조화롭게 자라고 있었다.

텃밭을 꾸준히 관리하기 어려운 학교 사정을 생각해 볼 때 퍼머컬처 디자이너에게 직접 도움을 받게 된 건 정말 큰 행운이었다.

강의가 끝나고 퍼머컬처 디자이너이신 황 선생님을 만났는데, 우리 학교 텃밭 앞을 지날 때마다 퍼머컬처 농사가 잘 어울릴 거라 생각하셨다고 했다.

"네, 좋네요. 해 보세요."

학교 텃밭에 퍼머컬처 농사를 지어 보자는 의견에, 교장 선생님은 이번에도 긍정적으로 반응해 주셨다. 5, 6학년 텃밭 수업에 퍼머컬처 활동가분들이 함께했다. 계획대로라면 3월부터 밭을 일구고 봄 작물을 심어야 했지만, 코로나19로 아이들이 학교에 나오지 못하고 있었다. 농사는 때를 놓치면 안 되는 법이라, 어른들이 먼저 밭을 일구고 작물을 심기로 했다.

밭 일구기에 필요한 흙이 도착했다. 온라인 수업을 마친 후, 흙을 내려놓을 곳을 알려 주기 위해 텃밭으로 향했다. 그런데 다른 선생님들이 온라인 수업을 하고 있는 동안 교장 선생님과 행정실 선생님들이 벌써 밭 근처에 흙을 쌓아 두고 계셨다. 멀쩡한 삽은 단 하나뿐인데 급한 대로 반 토막 난 삽과 쓰레받기로 땀을 뻘뻘 흘리며 무려 2.5톤이나 되는 흙을 옮기셨다.

다음 날 오후, 전체 교직원과 활동가들이 본격적으로 텃밭을 다졌다. 기존에 있던 텃밭은 피자 모양으로 디자인하고, 새로 만든 텃밭은 흙을 날라 열쇠 구멍 모양과 사방치기 모양으로 만들었다. 구수한 거름 냄새에 취해 다들 홀린 듯 흙을 퍼 날랐다.

"그러다 쓰러져요, 살살 하세요."

말들은 하지만 날라도 날라도 끝날 기미가 안 보이니 누구 하나 손을 멈출 수가 없었다. 땀은 비 오듯 하고, 허리는 끊어질 듯하고, 마스크를 벗을 수 없으니 숨이 쉬어지질 않았다. 그래도 거름 냄새만큼 진한 동지애가 느껴졌다고 할까?

완성된 텃밭을 어서 아이들에게 보여 주고 싶었다. 새 텃밭 영상을 찍어 온라인 수업에서 아이들에게 보여 주었다.

"너희들을 기다리며 학교에 계신 모든 선생님들과 마을 활동가 분들이 이렇게 멋진 텃밭을 만들었어. 앞으로 여기에서 친환경 농사를 짓게 될 거야. 그러니까 얘들아, 빨리 학교에 와."

드디어 아이들이 등교했다. 친구들과 사회적 거리를 유지해야 했고, 쉬는 시간은 5분, 모둠 활동도 할 수 없어 무기력했던 아이들에게 텃밭 수업은 가뭄의 단비였다. 텃밭에 나간 순간 아이들은 활기를 되찾았고, 이제 숨통이 좀 트인다며 재잘재잘 떠들었다. 교실에서는 가림판에 갇혀 있어야 했고, 친구들과 놀 수도 없었다. 하지만 텃밭에는 자유가 있었다. 마스크를 썼어도 시원한 공기가 가슴을 채우고 따뜻한 햇살이 몸을 만졌다. 친구와 장난을 쳐도 선생님들이 슬쩍 눈감아 주었다.

"선생님, 똥 냄새 나요."

"친환경 비료를 써서 그래."

"어떤 게 잡초예요?"

"잡초라는 건 없어. 모든 풀에 이름이 있지만 우리가 잘 알지 못해서 편한 대로 잡초라고 부르는 거야. 뽑은 잡초는 버리지 말고 모종 옆에 놓아두면 거름이 된단다."

"으악, 징그러워. 애벌레가 나왔어요."

"호미질을 할 때 땅속 벌레들이 다치지 않게 해야 해. 벌레가 있다는 건 흙이 건강하다는 뜻이야. 벌레가 살 수 없는 땅에서는 식물도 살 수 없단다."

텃밭 활동가 선생님들이 아이들에게 들려주는 이야기는 참 따뜻했다.

가을에는 고구마 줄기를 따서 벗겼다.

"너희 고구마 줄기 먹어 봤지? 고구마 줄기는 껍질을 벗겨서 먹어야 해. 고구마 줄기를 잘 벗기는 요령이 있어. 잘 봐."

고구마 줄기를 벗겨 본 아이는 몇 안 되었다. 고구마 줄기 반찬을 먹어 본 아이도 많지 않았다. 그래도 모두 입을 모으고서 열심히 고구마 줄기를 깠다. 집중한 아이들의 입 모양은 'O'자다. 손톱 밑이 거뭇하게 물들었다. 교실로 갈 시간이 와도 아이들은 고구마 줄기에서 손을 떼지 못했다.

"자, 그만. 이제 진짜 교실로 가자."

그래도 아이들은 'O' 하고 모은 입술로 일하던 손을 놓지 않았다. 예쁘고 사랑스러웠다.

11월 말, 마지막 텃밭 수업에서는 남은 작물을 수확하고 마늘,

양파, 밀을 심었다. 아이들이 의아해했다.

"이거 지금 심으면 언제 수확해요?"

"내년 봄에 수확하지."

심기는 자기들이 심었는데 졸업하고 자기들이 없는 내년 봄에 수확한다고 하니 억울하단다.

"선생님, 중학생 돼서도 텃밭 오면 안 돼요?"

학교 가는 길에 텃밭 식물이 잘 크는지 눈으로만 봐 달라 했다.

"작은 씨앗 하나가 당근이 되려면 자연과 너희들이 잘 보살펴야 했잖아. 너희들도 똑같아. 선생님들과 마을 사람들 모두가 관심과 사랑으로 너희를 보살펴 주었어. 졸업을 하고 중학교에 가고, 고등학교에 가게 되더라도 이 모든 따뜻한 마음들을 잘 간직해 두었다가 어쩌다 마음이 추워지면 한 번씩 꺼내 봐 주겠니?"

따뜻한 대천마을

12월, 지난 1년을 돌아보는 마을교육공동체 정기 모임을 마치고 돌아오는 우리들 발걸음에는 힘이 실려 있었다.

"주민 자치 청소년분과. 청소년을 위한 어른들의 모임, 생각만 해도 멋지지 않나요?"

"좋은 학군을 찾아 아이들이 떠나는 문제를 마을 분들도 고민하고 계신 줄 몰랐어요."

한껏 들떠 수다를 떨며 아파트 모퉁이를 도는데 아이들과 함께 읽었던 『나의 독산동』이라는 그림책이 떠올랐다. '이웃에 공장이 많으면 시끄러워 살기가 나쁘다.'는 시험지 정답을 인정할 수 없다는 은이. 공장 돌아가는 소리가 요란하지만 골목골목을 뛰어놀던 곳, 동네 어른들 모두가 엄마, 아빠처럼 따뜻하게 대해 주던 곳. 그래서 내가 사는 동네가 제일 좋다는 은이. 은이가 살던 마을에 우리 대천마을이 겹쳐졌다.

우리 아이들에게 대천마을은 어떤 곳일까? 길고양이에게 음식을 나눠 주고, 여름이면 은어가 찾아오고, 친구들과 물놀이를 하던 곳. 아이들 일이라면 언제든 기꺼이 마음을 내어 주는 어른들이 있는 곳. 언제든 고향을 떠올릴 때면 따스하게 웃음 짓게 해 주고 싶다. 참 따뜻한 마을, 나의 대천마을이라고.

2
─────

가르치는 교사에서
배우는 교사로

소화 불량에 걸린 교사, 치유의 길을 찾다

설경진

완벽했던 수업, 그 속의 아웃사이더

십여 년 전 막 신규 교사 티를 벗고 6학년 담임을 맡았을 때다. 업무 처리로 퇴근이 늦어진 옆 반 선생님께 8시에 같이 퇴근하자고 했다. 캄캄한 학교에 혼자 남아 공개 수업 준비를 하려니 약간 으스스한 기분이 들었기 때문이다.

"경진, 뭘 그렇게까지 열심히 준비하노?"

진작 공개 수업을 끝낸 옆 반 선생님 목소리에서 여유가 느껴졌다.

"1학기 학부모 공개 수업 마치고 학부모님들 참관록 보면서 상처 많이 받았어요. '동기 유발이 아이들 수준에 맞지 않다.', '수업 중간중간 아이들을 칭찬하긴 했으나 더 자주 해야 할 것 같다.' 등등. 교장 선생님보다 학부모 참관록이 더 무서워요."

"니네 반 학부모님들은 무슨 불만이 그리 많노? 수업 가지고도 뭐라 한단 말이가?"

순간 수업이 문제가 아니라 정작 우리 반 학부모님과 나의 관계에 무슨 문제가 있나 하는 생각이 들어 기분이 나빠지려고 했다. 그렇지만 공개 수업 때문에 예민해진 탓이려니 싶어 애써 욱한 마음을 진정시켰다.

사실 수업 내용이나 학부모님들과의 관계는 별 문제가 아니다. 내 수업을 두고 동료 교사, 관리자, 학부모까지 평을 하니 공개 수업이 가지는 중압감은 늘 크다.

'수업은 한 편의 연극이지. 공개 수업 전날 밤에 새하얀 A4지를 한 장 꺼내서 경건한 마음으로 동기 유발부터 차시 예고까지 교사가 할 말, 아이들이 할 말을 다 적어 보는 거야. 대사를 외우듯이 말이야.'

30년 경력 학년 부장님의 조언이다.

'발표해 보라면 애들이 그냥 손드는 줄 아나? 애들도 아는 게 있어야 말을 하지. 공개 수업 전에 네가 질문할 중요하지만 어려운 내용을 미리 일기 주제로 내 줘 봐. 아이들 눈치 못 채게. 미리 생각하고 글도 썼으니까 공개 수업 당일 손이 쭉쭉 올라올 거야.'

수업 대회 1등급을 받은 베테랑 선생님의 조언이다.

'교사가 마음에 안들 때 교장이 할 수 있는 마지막 방법이 뭘까? 그래, 수업으로 망신 주는 거야. 세상에 완벽한 수업이 어디 있겠어? 꼬투리 잡을 걸 한 바닥 빼곡히 적어 놨다가 협의회 때 터뜨리는 거야. 수업을 평가받는 자리에서 교사가 할 말이 뭐가 있겠어.'

댄스가 취미인 30년 경력 학년 부장님의 조언이다.

수업 협의회는 모든 학년의 공개 수업이 끝나면 교장, 교감, 참관 교사들과 함께하는데 수업자가 자신의 수업 소감을 이야기하는 것으로 시작된다. 소감은 대개 '부족한 저의 수업에 대해 아낌없는 조언을 부탁드린다'로 끝이 나는데, 이때 정말 아낌없이 조언을 했다가는 좁디좁은 교직계에서 다시는 그 선생님의 얼굴을 볼 수 없게 될지도 모른다. 설령 수업자에게 피와 살이 되는 조언일지라도 고이 접어서 주머니 속에 깊이 넣어 두는 게 교사로 사회생활 하는 방법이다. 그래서 동료 교사들은 의례적인 칭찬 릴레이를 펼친 후 마지막으로 교장 선생님의 평에 귀를 기울인다. 수업에 대한 딱딱한 평가는 오롯이 교장 선생님의 몫이다.

그간의 노력 덕분인지 내 수업에 대한 교장 선생님의 평가는 칭찬 일색이었다. 학생 중심의 활동 위주로 구성된 수업이 학생들의 자발적 참여를 이끌어 냈다며, 수업 대회에 나가도 손색이 없겠다고 하셨다. 교장 선생님의 칭찬에 자꾸만 올라가 씰룩거리는 입꼬리를 다잡으며 협의회를 마쳤다. 교사에게 수업 대회에 나가도 되겠다는 말이 최고의 칭찬으로 들리던 시절이었다.

'오늘 수업 녹화 영상이나 볼까? 얼마나 잘했으면 교장 선생님이 그렇게 칭찬을 하셨을까나.'

한껏 기분이 좋아져 콧노래를 부르며 컴퓨터 앞에 앉아 공개 수업 파일을 열었다. 수업을 촬영한 녹화 파일을 방송반 선생님이 발 빠르게 전해 준 덕분이었다. 화면은 수업 시작 3분 전부터 시작되었다. 책상 위에 모든 것이 제대로 놓여 있는지 확인한 후 숨을 깊이 들이마시며 애매한 미소를 아이들에게 던지고 있는 내가 보였다. 분명 미소 끝에 아슬하게 매달린 경련도 있을 텐데 아무도 눈치채지 못했을 것이다. 나 때문인지 아이들도 대부분 덩달아 긴장된 모습이었는데, 평소에도 장난기 넘치는 녀석들은 교실 뒤편 옆 반 선생님을 확인하고 자기들끼리 키득대고 있었다.

오늘 공개 수업은 모든 것이 정말 완벽했다. 각 활동별 시간도, 동기 유발로 활용했던 과자 상자를 흥미롭게 바라보는 아이들의 눈빛도, 서로 발표하겠다며 들고 있던 아이들의 손도, 토씨 하나 틀리지 않고 외운 내 발문들도. 모든 것이 계획대로였다.

그러다 내 눈을 사로잡는 것이 있었다. 1분단 맨 끝 교실 뒷문 바로 옆에 앉은 민수가 다른 책을 읽고 있었다. 사춘기가 일찍 온 탓인지 또래보다 머리 하나는 더 올라오고 코밑에 거뭇한 수염이 난 민수는 늘 버거운 상대였다.

"왜 이런 걸 공부해야 하죠? 사회에 나가면 아무짝에도 쓸모없는 것들일 텐데."

교사가 주는 활동들을 거부하면서도 줄곧 기말 평가에서 1등을 놓치지 않는 민수는 동네에 소문난 인재다. 그런 민수가 내 수업이 시작되고 15분이 지났는데도 여전히 다른 책을 읽고 있었다. 교장 선생님이 칭찬해 마지않았던, 수업 대회에 나가도 손색이 없다는, 학생 활동 위주의 잘 조직된 내 수업을 무려 15분이나 듣고 있지 않았다. 화면 속 민수는 주변 친구들의 눈치에 마지못해 읽고 있던 책을 책상 서랍에 넣었다.

아마도 민수는 평소 수업에서도 화면 속 모습처럼 행동했을 것이다. 다만 내가 알아차리지 못했을 뿐. 나는 화끈거리는 얼굴로 화면을 꺼 버렸다. 민수가 그런 행동을 한 것에 대해 원망만 생길 뿐 이 일에 대해 누구와도 말하고 싶지 않았다. 아니 말할 용기가 나지 않았다. 모든 게 내 책임 같았기 때문이다.

민수의 행동으로 큰 깨달음을 얻어 수업 혁신을 모색하고 참교사로 거듭날 수 있었다는 아름다운 이야기라면 좋겠지만, 나는 내 수업이 가지는 맹점을 묵인한 채 다시 '공개 수업 따로 일상 수업 따로'의 균형 감각을 유지하였다. 그렇게 해도 내 직업을 유지하는 데에 큰 문제가 되지 않았다.

하지만 이상한 불안감이 늘 함께해서 교직 생활 10년이 넘어가도 방향을 잃은 채 혼자 멍하니 서 있는 느낌이었다. 좋은 교사라는 타이틀은 얻고 싶은데 방법을 몰랐다. 불안감이 그림자처럼 떨쳐지지 않는 상황이 계속됐다. 그런 불안감을 떨치려 초등 교사 학습 공동체 사이트에서 찾은 자료를 수업 시간에 보기 좋게 진열해 놓는 일에 열을 올렸다. 반짝이는 아이디어를 가진 능력 있는 선생님들의 자료는 훌륭했고, 아이들의 반응도 좋아 미리 내려받아서 수업 준비를 해 두면 든든했다. 10년이 넘게 자료를 내려받고 진열하기만 반복하다 보니 어느 날 소화 불량에 걸린 나를 마주하게 되었다. 내 것이 아닌 타인의 자료를 제대로 소화시키지 못한 채 보기 좋게 진열만 하다 걸린 병일 거다. 자료를 만든 선생님들의 능력을 부러워하다 스스로를 비하했고 급기야 자료를 검색하는 것이 큰 부담으로 다가왔다.

더 이상 교실 문을 열고 등교하는 아이들의 얼굴이 반갑지 않았다. 중요한 것을 놓친 채 아이들과 마주하는 게 부끄러웠다.

시간 속을 함께 걷다

아이들의 얼굴이 더 이상 반갑게 느껴지지 않던 그 해, 나는 새로운 길, 아니 다른 길을 가고자 했고, 고민 끝에 혁신학교 업무 지원팀에서 근무해 보기로 했다. 혁신학교라면 이전과는 좀 다른 길을 걸을 수 있을 것 같았고, 내 소화 불량의 치료법이 그곳에 있을지도 몰랐다.

업무 지원팀 전담 교사가 되어 4학년 영어 수업을 맡게 되었다.

승준이는 수업 시간 중에 잊지 않고 챙겨야 하는 학생이었다. 분명 교실에 함께 있는데 그 아이가 속한 시간은 속도도 방향도 다르게 흐르는 것 같았다. 승준이의 영어 수업은 왜 숙제를 해 오지 않았냐는 내 잔소리를 꿋꿋하게 견디는 것으로 시작된다. 승준이는 손으로 물건 만지는 것을 좋아하는데, 들켜서 혼날 것을 대비해 필통 속에서 샤프를 분해하거나 교과서 여백을 활용해 아주 작은 그림을 그린다. 또 작은 날벌레가 교실 여기저기 비행이라도 하는 날이면 거기에 온통 마음을 뺏겨 수업은 뒷전이다. 그런 승준이를 보고 있노라면 영화 〈인터스텔라〉의 한 장면처럼 시공간이 달라서 아무리 애타게 불러도 듣지 못하는 딸을 바라보는 아버지의 심정이 된다.

나는 영어 수업에서 주요 표현을 공부한 후 반복 연습을 해야할 때, 지루함을 덜고 재미있게 공부할 수 있도록 게임을 활용한다. 한번은 배틀십(Battle Ship) 게임을 해 보기로 했다. 어린 시절 친구들과 즐겨 했던 야구 게임과 비슷한데, 네모 칸에 자신이 그리고 싶은 배를 여러 척 그리고 그 위치를 친구와 묻고 대답하며 상대방 배의 위치를 모두 찾아내는 게임이다. 수업 시간 내 10분 정도 계획된 게임 활동이니 배는 뭉그러진 타원이나 긴 사각형 모양 정도로 대충 그리고, 주로 말하기 표현을 연습한다. 짝이 그린 배의 위치를 알아내기 위해 쉴 틈 없이 영어로 묻고 답하는 활동을 계획했기에 아이들이 지루해하지 않고 열심히 활동에 참여했고, 나는 그 모습을 보며 흐뭇함을 감출 수 없었다.

이번 공개 수업에도 배틀십 게임을 활용하기로 했다. 전문적 학습 공동체 선생님들이 수업을 참관하러 오셨고 각자 맡은 아이들을 관찰하기 위해 교실 곳곳에 자리를 잡으셨다. 수업은 어느새 중반부를 지나 게임 활동에 들어섰다.

"선생님, 승준이가 배를 빨리 안 그려요."

2분단 제일 끝에 앉은 수빈이가 손을 들며 부루퉁한 얼굴로 나에게 일렀다. 친구를 배려하는 마음이 깊어 승준이의 짝으로 당첨된 수빈이지만 게임 시간도 모자란 판에 세월아 네월아 그림만 그리고 있는 승준이가 못내 야속했던가 보다. 각 모둠별로 학생을 관찰하고 있는 선생님들 사이로 마음을 다잡으며 다가갔다.

가까이 다가가서 보니 승준이는 네모 칸 모양과 수에 맞춰 배를 그리고 있었다. 두 칸, 네 칸, 한 칸. 1센티미터의 정사각형 안에 승준이가 그리고 있는 배는 너무나 세밀해서 지켜보는 나마저 조바심 나게 만들었다. 이 속도라면 내일쯤 게임을 시작할 수 있을 것만 같았다. '아이에게 충분한 시간을 주고 활동에 빠져들 수 있도록 돕는 조력자로서의 교사'는 잠시 접어 두기로 했다. 무릎을 구부리고 앉아 승준이와 눈을 맞추고 작지만 단호한 목소리로 말을 건넸다.

"이렇게 그리다가 게임 못 하겠어. 짝이 기다리잖아. 다른 친구들처럼 대강 긴 동그라미로 마무리하자."

승준이는 깊은 한숨과 함께 연필을 고쳐 잡더니 마지못해 길쭉한 원을 그렸다. 맥이 빠진 손놀림에 연필은 옅은 자국만 남긴 채 타원을 채 완성하지도 못했다. 어쨌든 수업 목표에 맞게 짝 활동을 하며 주요 표현을 여러 번 연습한 뒤 수업이 마무리되었다.

수업 협의회 시간, 승준이를 관찰한 선생님이 말씀하셨다.

"아이들이 모두 노래를 부르는데 승준이만 필통을 가지고 놀았어요. 중간에 노래를 부르다가도 필통을 가지고 장난을 치더라고요. 짝 활동에서는 배를 아주 천천히 그렸어요. 수빈이는 빨리 게임을 하고 싶은데 승준이가 잘 따라 주지 않아서 수빈이가 활동할 기회가 줄어들었어요."

역시나 선생님들의 관찰은 예리했다. 수업에 집중하지 않고 짝활동에서도 자기 고집을 부리니 친구에게 피해가 가는 건 당연한 일이다.

이어서 담임 선생님이 승준이에 대해 말씀을 해 주셨다.

"승준이가 영어에 관심이 없다고만 생각했지 수업 시간에 이런 모습일 거라고는 예상 못 했어요. 학급에서 제가 본 승준이는 글쓰기를 잘하는 아이에요. 친구들과는 다른 시선으로 사물을 바라볼 줄 알거든요. 그리고 승준이 꿈이 선장이어서 배에 관심이 정말 많아요."

대강 그리면 되지, 중요한 건 영어 표현을 익히는 거고 배가 어떤 모습이냐가 아니라고 생각했다. 선장이 꿈인 아이에게 나는 무

례한 말을 했는지도 모른다. 미래의 선장에게 배를 긴 동그라미로 그리라고 했으니 얼마나 어이가 없었을까. 그러고 보니 그 작은 정사각형에서 바다 위를 항해하는 다양한 배들을 나는 왜 보지 못했나 싶다. 같은 종류의 배도 아니고 다양한 배를 그리기에 2분 남짓한 시간이 얼마나 촉박했을까.

며칠 뒤 영어 수업이 끝나고 학급으로 이동하기 위해 교실 뒷문에 아이들을 줄 세웠다.

"승준이는 남고 다른 사람들은 먼저 출발하세요."

교실 뒷문에 서서 아이들을 배웅한 후 책과 필통을 가슴에 끌어안은 채 졸린 듯한 표정을 짓고 있는 승준에게 다가갔다.

"왜요?"

숙제나 나머지 공부를 시킬까 봐 걱정스러운 표정이 역력했다.

"승준이는 배를 좋아하는구나. 지난번에 보니까 너 배 잘 그렸더라."

"그때 게임 열심히 하려고 했는데……."

아마도 그날 게임을 열심히 하지 않아서 내가 꾸중을 한다고 생각하는 모양이었다.

"담임 선생님이 그러시던데, 네 꿈이 선장이라면서? 진작 알았으면 좋았을걸."

"우리 담임 선생님이 그랬어요?"

한결 표정이 밝아진 승준이 얼굴에서 졸린 눈과 꽉 다문 입술은 어느새 사라졌다. 이야기의 주제가 자신이 좋아하는 배 때문인지, 내게 공격성이 없다고 판단해서인지 알 수는 없지만 대화는 계속 이어졌다.

"응, 그래서 말인데 부탁 하나 들어주면 안 될까?"

"숙제 해 오라고요?"

금세 경계하는 표정으로 필통과 책을 가슴 쪽으로 단단히 끌어 안았다.

"숙제? 그렇지 숙제지. 그런데 들어 보고 하고 싶지 않으면 안 해도 되는 숙제야. 내가 배틀십 게임을 하다 보니 게임 소개할 때 전투함이 한 척 딱 등장하면 얼마나 멋있을까 생각했거든. 그런데 인터넷에서 멋진 배 사진 찾기가 너무 힘들더라고. 그래서 네가 배에 관심도 많고 그림도 잘 그린다고 해서 부탁하려고 했지. 어려운 부탁이니 안 들어줘도 할 수 없고."

알 수 없는 표정들이 아이의 얼굴에 줄지어 지나갔다. 그 표정들을 따라가는 내 마음도 복잡해져 갔다. 대답 없이 묵묵히 서 있는 승준이를 마냥 잡아 둘 수는 없어서 그대로 교실로 돌려보냈다.

'거절당한건가? 숙제 안 한다고 잔소리하고 집중 안 한다고 혼내니 그 아이인들 흔쾌히 배 그림을 그려 주고 싶었을까.'

며칠 뒤, '드-르르-르-륵' 교무실 문이 반쯤 열렸다. 문틈 사이로 승준이가 얼굴을 쏙 들이밀더니 고개를 돌려 나랑 눈을 맞추었다. 찾고 있는 사람이 나인 것 같아 서둘러 자리에서 일어나 복도로 나갔다.

"무슨 일이야?"

"이거요."

승준이가 둥글게 말린 도화지를 조심스럽게 펼쳐 들어 보였다. 몇 번이나 고쳐 그렸는지 연필심과 지우개가 만들어 낸 손때가 도화지 곳곳에 묻어 번져 있었다. 자세히 보니 전쟁 영화에서나 봤음직한 배가 도화지를 가득 메우고 있었다. 얼른 보기에도 배 구조를 자세히 알지 못하면 그릴 수 없을 정도로 세밀하게 그린 그림이었다.

"우와! 이거, 네가 그린 거야?"

"네. 빨리 드리고 싶었는데, 크게 그리다 보니 시간이 많이 걸렸어요."

"이렇게 그리려면 많이 힘들었겠다."

"다음 배틀십 게임할 때 쓰세요. 이런 게 진짜 전투함이거든요."

늘 졸린 눈으로 내 눈길을 피하던 승준이가 맞나 싶을 정도로 자신감 있게 말했다. 그 순간, 늘 다르게 흐르는 것 같았던 승준이의 시간 속을 내가 함께 걷고 있다는 느낌이 들었다. 속도도 방향도 다르다고만 생각했던 승준이의 시간이 내 시간과 함께 흐르는 것 같았다.

승준이가 배를 좋아하고 꿈이 선장이라는 걸 알게 된 지금도 여전히 수업은 어렵다. 물론 아이를 좀 더 알게 되었다고 수업이 편안해지거나, 혁신학교에 근무한다고 해서 수업 능력이 저절로 길러지는 게 아니라는 걸 안다. 흔들리며 피는 꽃처럼 깊은 고민과 좌절을 경험하지 않고는 힘든 일일 것이다.

하지만 한 가지 분명한 사실은 수업 나눔을 통해 동료 선생님에게서 학생에 대한 통찰력과 경험을 얻을 수 있었다는 것이다. 아마 수업 나눔이 없었다면 나는 승준이가 가진 다양한 모습에서 한 면만 바라본 채 쉽게 판단하고 단정짓는 함정에 빠졌을 것이다. 내가 보지 못했던 아이의 모습을 동료 선생님들과 함께 이야기 나누다 보니 그 아이가 궁금해지기 시작했다. 궁금해지면 관심을 가지고 바라보게 되고 애정이 생기게 된다. 그렇다면 수업의 첫걸음은 아이들을 궁금해하는 것부터가 아닐까?

문득 10년 전의 민수가 궁금해졌다. 다시 그날로 돌아갈 수 있다면 내 수업 시간에 민수가 읽었던 책이 무엇인지 애정 어린 시선으로 물어볼 수 있을 것 같다.

안전 학교행 10번 버스

문은주

소감 담당 신규

'나는 어떤 학교에서 근무하게 될까?'

날마다 아이들과 웃으며 지내고 업무도 척척 해내는 행복한 교직 생활을 꿈꾸며 임명장 받을 날을 손꼽아 기다렸다. 드디어 임명장을 받던 날, 벅찬 마음과 함께 얼른 학교를 확인했다.

'집에서 멀지 않기를!'

나의 첫 학교는 집에서 대중교통으로 20분 거리에 위치한 곳이었다. 더구나 내가 자주 타던 단골 버스, 10번 버스 정류장이 그 학교 후문 바로 앞에 있었다. 느낌이 좋았다. 후문 앞에 내려 바로 학교로 들어갈 생각을 하니, 내 교직 생활에 꽃길만 펼쳐질 것 같았다.

2월 말, 떨리는 마음으로 처음 교무실에 들어갔다. 업무 분장표의 작은 칸에는 내 이름 대신 '신규'라고 적혀 있었다. 나는 그때부터 다른 학교로 전출할 때까지 3년 내내 이름 대신 '신규샘'으로 불리는 학교의 막내였다.

대학교에 입학하고 제일 많이 하게 되는 것은 '자기소개'다. 엠티, 대면식, 동아리 활동. 스무 살 3월, 내 세계가 넓어진 만큼 이름과 나이를 앞세우며 나를 소개하는 일은 일상이었다. 그런데 신규교사가 되자 소개보다는 소감을 말할 기회가 많아졌다.

"오늘 회의 어땠어요? 마무리는 우리 신규샘 소감 듣고 끝내요."

무슨 말을 해도 귀엽다고 까르르 웃어 주시는 감사한 선배님들이었지만, 많은 사람 앞에서 입을 떼는 일은 쉽지 않았다. 아이들 앞에서 수업하는 것은 그다지 힘들지 않은데 왜 어른들 앞에서 말하는 것은 그렇게 떨릴까? 직장이라서? 실수할까 봐? 아니면 나의 부족함이 드러날까 봐? 회의하다 시곗바늘이 퇴근 시간인 4시 30분에 가까워지면 오늘 소감으로 말할 문장을 떠올리느라 안절부절못했다.

전생에 나라 구한 신규

10번 버스는 매일 나를 새로운 세계로 데려다 놓는 것 같았다. 수업, 상담, 업무로 정신없이 하루를 보내고 집으로 돌아가는 버스에 오르면 긴장이 풀려 멍해지곤 했다. 내가 새로운 환경에 적응하기 위해 무진장 애쓰고 있을 때 18학급의 우리 학교는 교생 실습과 공모 사업으로 하루하루가 바빴다. 발령 전 가졌던 달콤한 꿈에서 깨어 치열한 현실을 마주하며 신규 1년을 보내고 다음 해, 우리 학교는 다행복학교로 선정되었다. 우리 학교가 다행복학교로 선정되었을 때, 내게 수식어가 붙었다.

'전생에 나라를 구한 신규'

솔직히 '아니, 나라를 구할 만큼인가?' 하고 마음속으로 생각했지만, 교직 생활을 할수록 그 말의 의미를 조금은 알 것 같았다. 다행복학교로 선정된 다음부터 선배 선생님들은 업무 경감과 학교 문화 개선에 대한 시스템을 다시 정비하느라 바쁘셨다. 팀장도 부장도 아닌 2년 차 병아리 교사인 나는 어떤 TF팀에도 속하지 않았기에 민주적인 공동체 속에서 오롯이 수업에만 집중할 수 있었다. 이럴 때 꼭 생각나는 말이 있다.

'나의 편안함은 누군가가 감수한 불편의 대가이다.'

림태주 작가의 말처럼, 내가 수업에만 집중할 수 있었던 것은 다모임을 준비해 주시는 선생님, 업무를 전담해 주시는 지원팀, 학생 자치를 위해 고민하시는 선생님 모두가 고생해 주신 덕분이었다.

마음만은 조금의 도움이라도 드리고 싶었으나 현실은 그렇지 못했다. 선배 선생님의 좋은 의견에 멍하니 감탄만 하다가 다모임이 끝날 때가 많았다. 학년군에서 미리 협의하고 다모임에 참석할 때도 있었지만, 미처 경험하지 못한 이야기가 나오면 머리가 하얘져 생각이 멈출 때도 있었다.

'기록이' 할 수 있어요!

3월 상담 주간을 보내며 학부모님들이 아이의 학교생활을 얼마나 많이 궁금해하시는지 알 수 있었다. 그러나 학부모님이 학교에 와서 아이들을 볼 수 있는 시간은 많아야 일 년에 한두 번 있는 공개 수업 시간뿐인데, 아이의 학교생활을 관찰하기에는 너무 짧은 시간이다. 그래서 우리 학교에서는 교육 주체로서 학부모도 아이의 성장을 관찰할 수 있게 공개 수업 대신 '학교 열기'를 하자는 의견이 나왔다.

학교 열기를 언제, 어떤 방법으로 할지 논의하기 위해 다모임을 열었다. 업무 일지와 텀블러를 챙겨 다모임 장소로 가니, 선생님들께서 둥글게 서 계셨고 리더 선생님이 말씀을 시작하셨다.

"학부모와 함께하는 학교 열기 협의를 하기 전에 이 얘기를 잠깐 할까 합니다. 지금 주위를 둘러보십시오. 아주 다양한 선생님들이 이 공간에 서 계십니다. 각자의 생각이 다를 수 있다는 것을 염두에 두셨으면 합니다. 중요한 것은 가치와 방향입니다. 그보다 더 중요한 것은 여기 있는 한 사람 한 사람이고요. 그렇기에 다모임이 의미가 있고, 협의가 의미 있다고 생각합니다. 학년군 협의에서 왜 학교를 열고자 하는지 충분히 논의되었다고 생각합니다.

협의된 내용을 들어 보고 싶네요."

각 학년군 부장 선생님이 협의한 내용을 공유해 주셨고 마지막으로 1, 2학년군 부장 선생님께서 말씀하셨다.

"학교 열기를 통해 학부모님들도 아이들이 어떻게 생활하는지 보시는 게 좋을 것 같아요. 예를 들면 수업 시작종이 치고 나서야 화장실을 간다든가, 줄 서거나 기다리기를 잘 못하는 아이들의 일상적 모습 말이에요. 수업 시간 모습만큼 생활 태도도 중요하다는 것을 학부모님들이 이해하셨으면 좋겠어요. 그런데 학부모님들이 몇 시간씩 아이들을 따라다니며 관찰하는 것이 가능할까요? 직장 다니는 분들도 많으시고 오랜 시간 학교에서 아이를 관찰하는 게 쉽지 않을 것 같아요. 그래서 1, 2학년의 경우는 중간 놀이 시간부터 다음 블록 수업 시간까지 열기를 하면 좋겠다고 이야기했어요. 친구들과 놀이하는 모습, 종이 치면 교실에 들어오는 모습부터 글씨 쓰는 자세, 발표하는 모습을 모두 볼 수 있게 말이에요. 주간 학습 안내에 미리 학교 열기의 의미와 관점에 대한 설명이 필요할 것 같습니다."

'우와! 어떻게 저런 생각까지 하셨지?'

분명 학년군 회의를 하며 미리 생각해 본 주제임에도 듣다 보면 선생님들이 내는 의견마다 다 맞는 것 같았다. 솔직히 오전이라는 장시간 공개에 대한 부담이 커서 당장 학교 열기를 시작하는 것이 어려울 것 같았다. 아니다. 또 어떻게 보면 학교 열기의 의미와 방법을 조금씩 찾아 가는 것 같아 당장 시작해도 좋을 것 같았다. 선생님들의 말씀을 들으면 들을수록 고려해야 할 것이 많았고, 덩달아 내 생각도 깊어졌다. 이렇게 다모임이 끝나면 선생님들께서는 다음 단계를 위해 또 고민하고 분주해질 것인데 나도 실질적으로 도움 주는 일을 하고 싶었다. 그러던 중 비로소 내가 할 수 있는 일을 찾았다. 특출하지 않은 내가 학교에 기여할 수 있는 작은 일 중 하나, 바로 기록이었다. 타자 치는 일이 어렵지 않았고 회의록을 정리하다 보면 학교 돌아가는 사정도 잘 이해할 수 있을 것 같아 신규로서 꼭 맞는 일 같았다. 그렇게 나는 소감 발표 담당과 더불어 학교 공식 '기록이'가 되었다.

안전한 관계

돌아보니 바쁜 와중에도 수많은 만남이 있었다. 한 번 두 번 눈을 맞추고 이런저런 얘기를 나누며 시간이 흐르니 서서히 학교에 적응해 갈 수 있었다. 복도를 지나다 누군가 만나면 저 멀리 오시던 선생님들도 함께 모여 잠깐씩 이야기를 나눴다.

조금이나마 즐겁게 회의하기 위해 교무실에 맛있는 과자를 구비하였는데, 이게 신의 한 수였다! 허기지거나 당이 떨어질 때마다 교무실을 찾게 되었고, 그곳은 곧 사랑방이 되었다. 틈날 때 잠깐 들러서 커피와 달달한 과자를 먹으며 각종 소문(?)을 주고받는 것은 바쁜 일상 중 소소한 행복이었다. 그러던 중 선생님들의 과

거를 들을 수 있는 시간이 있었다.

"여기 있으면서 아이들이 성장하는 것보다 제가 더 많이 성장한 것 같아요. 제 교직 생활은 다행복학교를 하기 전과 후로 나눌 수 있어요. 그전에는 이렇게까지 참교사는 아니었는데 많이 변했습니다. 하하."

"에이, 아니다. 너는 원래부터 참교사였어. 매년 졸업한 애들이 한 번도 안 빼먹고 찾아오는 거 보면 다 안다."

김 선생님께서는 계속 부정하셨지만 우리는 모두 겸손의 말씀이란 걸 잘 알고 있었다. 지금도 나는 어렸을 때 유머 넘치는 김 선생님의 반 제자였다면 얼마나 좋았을까 하는 생각을 많이 한다.

"몇 년 전에 그랬던 것 같기도 하고, 하하. 어쨌든 저도 달라졌어요. 나에게 학교는 딱 직장이었어요. 학교생활 이외의 것은 공유하지도 않고, 개인 생활과 학교생활을 철저히 구분하며 살았어요. 그렇게 갑옷을 입고 있는 게 편했고요. 근데 우리 학교는 달라요. 여기서는 말도 막 하는 것 같고 나를 있는 그대로 보여 주는데, 어떨 때는 이래도 되나 싶을 정도로 혼란스러워요."

"그랬구나. 그 전엔 학교가 안전하지 않은 곳이라고 여겼나 보다. 우리는 네가 어떤 말을 하고 어떤 잘못을 해도 이해해 줄 거라는 믿음이 생겼나 보네."

웃으며 대화가 이어졌지만 나는 사실 좀 놀랐다. 누구보다 구성원들과 친하게 지내는 선생님께서 예전 학교에서는 깊은 관계를 맺지 않으셨다니.

다행복학교로 선정된 첫해는 안전한 학교 문화를 만드는 데 애썼고, 그런 과정에서 동료성에 대해 중요하게 생각하게 되었다. 시간이 흐르며 서로를 생생하게 경험하고 비로소 동료성이 무엇인지 알게 되면서 마음이 따뜻해졌다. 첫 사회생활을 하게 된 이곳에서 나도 갑옷을 입고 있는 걸까? 안전한 곳이라는 말이 가슴에 콕 박혔다. 이날 이후로 '안전하다'라는 말이 두고두고 우리에게 회자되었다. 가끔 내가 말하기를 주저하고 머뭇거릴 때 선생님들이 웃으며 말씀하셨다.

"은주야, 너는 우리가 안전하지 않니?"

동학년 고민 상담소

교육 활동 협의 시간에 동학년 선생님들끼리 자주 만났다. 친해진 동학년 선생님은 내가 안전하다고 인식했는지 자연스레 이 이야기 저 이야기를 했는데, 이야기 끝은 결국 아이들이었다.

"준기는 오늘 친구를 이유 없이 밀었어요. 왜 그랬는지 물어보면 그냥 장난이라고 하고. 휴, 이게 몇 번째인지 너무 걱정돼요."

"1학년 때부터 김 선생님께서 그 아이 손을 잡고 매일 이야기하고 어머님과도 자주 상담하며 좋아진 것 같았는데. 줄넘기를 잘해서 그 점을 칭찬하며 자존감도 높여 주었다고 하시더라고요. 선생님도 요즘 힘들겠네요. 외부 상담도 필요하겠어요."

"네, 이미 외부 기관에서 상담도 하고 있는데 힘드네요. 아, 그런데 선생님 오늘 인성이랑 둘이 데이트하시던데요? 텃밭에서 손잡고 걷는 모습 다 봤습니다."

"봤구나. 공부하기 싫어해서 텃밭 걸으면서 이야기했어요. 인성이가 텃밭에는 열정적이잖아요. 그렇게 말해 보니 조금 마음이 풀리는 것 같아 보였어요."

동학년 선생님의 이야기를 들으며 나도 하소연하듯 오늘의 일을 쏟아 냈다.

"그러셨구나. 그렇게 상담하는 것도 좋은 것 같아요. 저는 저희 반 동주 때문에 너무 놀랐어요. 화난다고 친구 색연필을 부러뜨린 지도 얼마 안 됐는데, 오늘은 학교 앞에서 금붕어를 사서는 그냥 땅에 팽개쳤다고 하더라고요. 다른 아이가 하굣길에 뛰어 와서 말했어요. 동주가 심리적으로 불안한 것은 알지만 제가 어떻게 해야 할지 막막해요."

아직도 생생하다. 3월 첫날 자기소개도 하기 전 나에게 "선생님 미치도록 좋아요."라고 말한 아이는 처음이었다. 반 아이들과 나를 힘들게 하는 이 아이를 이해할 수 없었고 밉기도 했다. 그런데 대화를 나누다 보니, 선생님들이 동주에 대해 느끼는 감정은 '밉다, 화난다'가 아니었다. 물론 화나고 미울 때도 있었을 것이다. 그러나 '이 아이는 어떤 삶을 살아왔을까? 어떤 도움을 줄 수 있을까?'를 항상 함께 고민하셨다. 가끔은 내가 아니라 다른 선생님이 동주의 담임 선생님이었다면 어땠을지 생각하며, 미안함과 자괴감을 느낄 때도 있었다. 돌아보면 내가 아이들을 바라보고 대하는 데 가장 큰 영향을 준 시간이었다. 나는 그 시간이 참 좋았다. 물어볼 수 있어서. 나에게 일어나는 모든 상황은 처음이었기 때문이다.

"오늘도 학년군 회의 전에 학년, 학급 이야기 먼저 해 볼까요? 어땠어요, 은주샘은?"

"동주가 폭력적인 행동을 보일 때는 말씀해 주신 것처럼 잠시 감정을 가라앉히고 이야기했어요. 그러니 친구에게 미안한 마음을 표현하고 사과하더라고요. 안정감을 주고 싶어서 관심을 많이 주고 칭찬도 많이 하려고 노력하고 있어요."

"긍정적 강화, 중요하죠. 그런데 일관성이 필요해요. 기준을 명확하게 정하고 지속적으로 해야 해요. 칭찬은 즉시하고, 친절하지만 단호해야 해요."

"저는 오늘 동주를 보았는데 표정이 밝아 보였어요. 선생님들이 인사하고 이름 불러 주는 것도 참 좋아하는 것 같아요."

"네, 안 그래도 여러 선생님께서 지켜보고 있다는 생각에 더 잘하려는 마음도 있는 것 같아요."

우리 반 아이지만 여러 선생님과 함께 돌보는 느낌이 들어 든든했다. 선생님들께서는 젊고 친절한 나의 모습이 아이에게 안정감을 줄 수 있다며 격려해 주셨다. 그렇게 학교는 나에게 점점 더 안전한 곳이 되어 갔다. 그때쯤 다모임에서 내가 발표를 맡게 되었다. 전체 다모임에서는 그룹 토의를 한 뒤 의견을 정리해서 발표할 때가 많은데, 우리 그룹의 토의 내용을 내가 발표한 것이다. 내용이 빠졌거나 잘못 전달되었을 수도 있지만 괜찮다. 여기는 안전한 학교니까.

함께하는 수업

생활교육만큼이나 교사에게 중요한 일은 수업이다. 수업에 대한 걱정이 큰 편은 아니지만 공개 수업만큼은 부담스럽다. 첫 공개 수업을 위해서 나는 지도안을 쓴 후, 동학년 선생님, 수석 선생님과 함께 사전 협의회를 하며 수정·보완했다. 섬세한 부분까지 조언해 주셨고, 또 5학년 아이들도 눈치껏 잘해 주어 첫 공개 수업은 나름 만족스럽게 끝냈다. 판서나 자료로 보여 줄 것도 있고, 수학을 싫어하는 수포자도 참여할 수 있는 도형 단원을 선택한 것이 다행이었다. 과목과 차시를 선택할 때 가장 고민이 많았다. 아무래도 '보여 주기'라는 생각을 떨칠 수가 없었기 때문이다.

나의 공개 수업은 수업 나눔을 주제로 전문적 학습 공동체에 참여하면서 크게 바뀌었다. 혼자 수업을 준비하는 것이 아니라, 동학년 선생님과 함께 디자인하고 학년군 선생님, 수석 선생님과 다시 다듬었다. 수업 공개 중에는 아이들이 배우는 과정을 관찰했고 사후 협의회에서 의견을 나누었다.

3학년 과학, 미술, 국어, 도덕 교과 등을 통합하여 프로젝트 수업을 할 때였다. 우리 반 수업 나눔 날짜를 보니 도덕 시간이었다.

나에게 도덕 교과 수업도 쉽지 않은데 '우리나라'라는 단원 주제
는 더욱 어렵게 느껴졌다.

'어려운 주제지만 다 같이 수업을 짜면 괜찮겠지. 함께일 때 해
보자.'

전문적 학습 공동체에서 이 주제에 대해 논의하며 수업 내용을
꾸려 나갔다.

"3학년 '함께 사는 세상' 프로젝트를 진행하며 식물, 동물 부분
이 끝나고, 마지막으로 '사람'에 대한 차시 중 하나입니다. 이전
차시에서 우리나라의 상징에 대해 공부했고, 이번 차시에는 우리
나라의 자랑거리를 알아볼 차례입니다. 먼저 동기 유발 활동으로
아이들에게 자신의 자랑거리를 얘기하게 해서 긴장을 풀려고 해
요. 그리고 김치, 한복 등의 사진 자료에서 공통점을 찾아 학습 문
제로 연결하려고요. 첫 번째 활동에서는 우리나라의 다양한 자랑
거리와 그 우수성을 알아보게 하고, 두 번째 활동에서는 노랫말을
개사하여 우리나라의 자랑거리를 발표하게 할 생각입니다. 그리
고 다음 차시 내용이 대한민국을 소개하는 광고 만들기 활동이라,
이 시간에는 계획만 하고 수업을 마무리할까 합니다. 그런데 아이
들에게 우리나라의 자랑거리가 가깝게 와닿을지, 아이들의 삶과
어떻게 연결할 수 있을지 고민이에요."

간단하게 수업 계획을 설명하자 옆 반 임 선생님이 말씀하셨다.

"자랑거리에 대한 생각이 다 다를 것 같아요. 예를 들어 어떤 사

람은 김치의 우수성에 대해 말할 수 있지만, 김치를 싫어하는 사람에게는 자랑거리가 아닐 수도 있잖아요. 생활 속에서 아이들이 생각하는 자랑거리를 찾는 수업이면 어떨까요? 기존의 틀에 박힌 자랑거리는 필요하지 않을 것 같아요. 사고의 유연성을 가지고 확산적 사고의 장을 펼칠 수 있도록 하는 거죠."

임 선생님 말씀을 들으니 딱딱한 수업이 부드러워질 수 있을 것 같았다. 이어서 4학년 최 선생님께서 연결 고리를 만들어 주셨다.

"맞아요. 3학년 아이들에게는 우리나라 자랑거리를 찾는 게 어려울 것 같아요. 그래서 자기가 자랑으로 생각하는 것을 찾게 하면 어떨까 싶어요. 예를 들어 우리 학교가 자랑거리라면, 왜 그렇게 생각하는지, 언제 그렇게 느꼈는지 구체적으로 이야기하게 하는 거예요. 모둠에서 의견을 나눈 후, 한 가지를 정해서 모둠 메모판으로 정리하여 발표하는 것은 어떨까요? 그리고 마지막으로 수업 소감을 나누면 좋을 것 같아요."

"최 선생님 말씀처럼 아이들의 자랑거리를 이야기하게 한 뒤에 학급의 자랑거리를 찾아보고 그다음 우리 학교의 자랑거리, 우리나라의 자랑거리로 넓혀 가는 것은 어떨까요? 자랑하는 것을 좋아하는 3학년 아이들도 즐겁고 자연스럽게 활동할 수 있을 것 같아요."

기대했던 만큼 큰 수확을 얻었다. 동기 유발이 학습 문제로 자연스럽게 이어지면 좋겠다고 생각했는데, 나-학급-학교-나라로 자랑거리를 확장하는 방법이 마음에 들었다. '3학년 아이들에게 어렵고 지루할 수 있는 내용을 어떻게 하면 가깝게 다가가게 할 수 있을까?'라는 고민은, 틀에 박힌 우리나라의 자랑거리가 아닌 아이들 각자의 생각을 말하는 방식으로 해결할 수 있었다. 만약 이 시간이 없었다면 나는 지도서를 뒤적거리며 우리나라의 자랑 거리라고 나온 보편적 내용만을 어떤 발문으로 자연스럽게 연결 할지 고민했을 것이다.

하지만 실제 도덕과 수업은 역시나 어려웠다. 수업 초반, 아이들 은 자랑거리를 말하는 활동에 활발하게 참여했고, 그 귀여운 모습 이 나를 웃음 짓게 했다. 하지만 모둠 활동에서는 협력이 서툴렀고 적극적인 토의도 일어나지 않았다. 수업이 끝나자 아쉽고 부끄러 운 마음이 들었다. 그러나 오래 슬퍼하지 않았다. 벌써 몇 번의 수 업 공개에 무뎌진 걸까? 아니면 안전한 곳이라서 마음을 놓은 걸 까? 우리는 그해 그렇게 학년군 6개의 수업을 함께 공부했다.

부산다행복학교를 시작하며 우리는 학교 문화, 교육과정, 소통, 놀이 등 다양한 주제의 연수를 여기저기서 많이 받았다. 물론 훌 륭한 강사님의 연수 내용도 많은 도움이 되었지만, 가장 큰 도움 은 곁에 계신 든든한 동료 선생님들이 주셨다. 수업이든 생활교육 이든 막히는 순간마다 선생님들께 달려갔고, 그럴 때마다 이곳에 있어 참 다행이라고 안도했다.

10번 버스는 이제 더 이상 새롭고 낯선 세계가 아닌 '관계가 안 전한 우리 학교'로 나를 데려다준다.

여전히 시작

박현미

공개 수업이 끝나고 난 뒤

40분 공개 수업이 끝났다. 교실 가장자리에 둘러 선 선생님들이 가볍게 박수를 쳤다. 멋쩍은 웃음을 지으며, 책상 위에 흩어진 책과 자료들을 주섬주섬 정리했다.

"쓰앵님, 학습지 한 거는 내요?"

수업을 참관하던 선생님 대부분이 교실을 나가고, 몇은 옆 선생님과 짝을 지어 담소를 나누고 있었다. 그 선생님들을 바라보며 학습지를 내야 하는지 묻는 아이에게 습관적으로 대답했다.

"응, 학습지는 선생님한테 주고, 이제 교실로 돌아가면 되겠어요."

"우리 오늘 잘했지요? 발표를 잘해야 한다고 우리 쌤이 그랬어요."

"그럼. 잘했어! 수고했어!"

말해 놓고 보니 공개 수업도 수업인데, 수업을 마친 아이들에게 수고했다고 말하는 게 과연 맞는 말인가 싶었다. 나는 아직도 공개 수업을 '기획, 연출, 역할 분배, 연기'해야 하는 보여 주기식 쇼라고 생각하는 걸까?

아이들을 얼른 보내 교실을 비우고, 참관한 선생님들이 다 가기 전에 협의회를 해야 했다. 벌써 자리를 뜨려는 선생님이 보여서인지 협의회 사회를 맡은 선생님이 크게 말했다.

"쌤님, 가지 마시고, 협의회 할 테니 자리에 앉읍시다."

공개 수업 협의회. 30년 교직 생활에 해마다 한두 번씩, 연구 학교에서는 서너 번씩 했으니 오십 번은 너끈히 넘을 것 같다. 그런데도 공개 수업과 협의회는 여전히 부담스럽다. 혁신학교에서는 일반 학교와 달리 공개 수업과 협의회를 '수업 나눔'이라고 부르며 같은 학년 교사들이 함께 모여 교육과정 공부와 재구성을 한다. 그리고 특별히 준비하지 않은 평소 수업을 공개하는데, 교사의 교수 활동보다는 학생의 학습 활동을 중심으로 관찰하는 수업 나눔을 지향하고 있다. 그래서 일반 학교보다 훨씬 부담이 적지만, 그래도 수업을 공개하는 것은 여전히 불편하다. 학생의 학습 활동 중심으로 수업을 관찰하는 것도 쉬운 일이 아니다. 또 학생의 학습 활동에서 문제점을 발견한다고 해도 그 문제를 어떻게 해결해야 할지 난감하다. 세심한 손길을 필요로 하는 아이들은 너무 많고, 단순히 그 순간의 문제를 해결한다고 해도, 전체적으로 아이를 성장시키기에는 역부족이다.

수업 협의회

내가 먼저 칠판 앞자리에 앉자 짝지어 담소를 나누던 선생님들도 하나둘 자리에 앉았다. 사회를 맡은 선생님이 서두를 꺼냈다.

"수업하신 선생님 소감을 들어 보고, 질의응답 시간을 가지겠습니다. 너무 경직되어 있는 것 같네요. 하하하."

사회자 선생님은 어색하고 경직된 분위기를 편안하고 부드럽게 만들고자 무진 애를 썼다.

"제 수업을 보러 와 주셔서 감사합니다. 3~4학년군 영어과 교육과정의 주요 내용은 알파벳과 파닉스인데, 교과서에는 1학기에 알파벳을 배우고, 2학기에 파닉스와 어구를 배우게 되어 있습니다. 교과서에는 각 단원마다 알파벳이 4개씩만 제시되어 있는데, 이렇게 띄엄띄엄 가르치다 보니, 아이들이 수업 시간마다 새로 알파벳을 배우는 듯한 느낌을 받았습니다. 그래서 3월 첫 달 여덟 시간 동안은 알파벳만 먼저 가르치고, 각 단원에서는 알파벳에 파닉스를 덧붙여 지도하고 있습니다. 반복되는 내용이라 아이들이 지루해할까 봐 그림책을 활용하고 있는데, 오늘 수업이 바로 그런

과정이었습니다. 먼저 그림책을 따라 읽고 나서 다시 스스로 읽어 본 뒤, 그림책에 나오는 낱말을 활용해서 빙고 게임과 대·소문자 바꾸기 활동을 했습니다. 아이들이 예상보다 잘 따라와 주어 내용 수준을 더 높여도 좋겠다는 생각이 들었습니다. 참관하신 선생님 들께서 수업과 관찰한 아이에 관해 이야기해 주시면, 앞으로 저의 교수 활동에 많은 도움이 되겠습니다."

공개 수업 협의회에서는 항상 수업자의 소감을 먼저 말하는데 답은 거의 정해져 있다. '와 주셔서 감사하다, 수업 내용은 이러했고 학습 목표는 무난하게 도달된 것 같다, 참관 선생님들의 지도 조언 부탁 바란다.' 상투적인 소감을 말하고 나니 살짝 공허했다. 모인 선생님들과 내가 진정한 관계였다면, 교사와 학생이 함께 고양될 수 있는 초등 영어 수업 내용과 방법에 대해 논의해 보자고 말했을 것이다.

같이 마주보고 자유롭게 이야기하고자 일부러 둥글게 둘러앉 았지만, 서로 빤히 보기가 민망해서인지 다들 눈을 아래로 두고 미동도 하지 않고 있었다. 내 오른쪽 모서리에 앉은 선생님이 좌 우를 둘러보며 슬며시 손을 들었다.

"수업 목표가 '알파벳 대·소문자로 바꾸어 써 봅시다.'인데, 많은 그림책 중에 왜 이 책을 선정했는지 궁금합니다. 단어가 어려워 보였거든요."

『The Accidental Zucchini』. 영어실 책장 위에 전시되어 있는 이

책 표지를 보고 애호박이 저렇게 어려운 철자였나 싶어 책을 펼쳐 보았었다. 글자는 별로 없는데, 그림이 재미있고 색이 화려해서 아이들의 눈길을 끌 만했다. 알파벳 대문자, 소문자도 번갈아 나와 본시 수업 주제와도 잘 맞을 것 같았다.

"그림책을 보면, 한 쪽에 대문자, 소문자가 짝지어져 있고 그림과 색이 시선을 끕니다. 3학년 수준에선 어려운 단어일 수도 있지만, 꼭 이 단어들을 전부 알아야 하는 건 아닙니다. 알파벳을 읽을 수 있고, 대·소문자를 구분하여 쓰는 게 목표였으니까요."

좀 더 거창한 이유를 들었어야 했을까? 나는 수업이란 교사가 교육과정을 구체화하여 학습자에게 내면화시키는 과정이라고 생각한다. 그 내용과 방법에 대해 같은 학년 선생님이나 같은 교과 선생님들과 의논하고 싶었으나 함께 논의해야 할 동학년 선생님은 영어는 잘 모르겠다고 손사래를 쳤고, 한 명 있는 영어 전담 선생님도 한참 후배여서 내 의견이 좋다고만 하니, 오롯이 혼자 책을 선정하고 내 방법대로 수업해야만 했다.

운동장 창 쪽에 앉은 선생님이 손을 들었다.

"저는 4, 5학년을 맡고 있는데, 교과서가 그림과 음성 언어 중심으로 되어 있어서 문자 언어가 상대적으로 부족합니다. 그런데 교과서에 나오는 활동들은 기본 문장을 미리 알고 있어야 따라 올 수 있기 때문에 문자 언어 수업을 따로 해야겠다고 생각하고 있습니다. 그렇지만 그림책까지 읽히기엔 시간이 너무 부족해요."

시간은 항상 부족하다. 영어를 배우는 이유는 언어를 습득하는 과정에서 인지 발달을 하게 한다는 측면도 있겠지만, 더 중요한 이유는 다른 언어를 사용하는 사람과 의사소통하기 위한 것이라고 생각한다. 우리나라는 초등학교 3학년부터 영어 수업을 시작하는데 교과서대로 가르치면 과연 영어를 습득할 수 있을까 싶다.

"그래서 교육과정을 재구성하여 단원을 선택하고 버릴 것은 버리고 그 시간을 이용해서 그림책을 이용하여 알파벳과 파닉스를 반복적으로 지도하고 있습니다."

이렇게 답하고 보니 내가 마치 그림책을 신봉하는 사람 같지만, 지금으로선 그림책을 활용하는 것 외에 별다른 방법을 찾지 못했다. 무엇보다 그림책은 다양한 이야기를 담고 있고, 아이들은 그 이야기에 몰입한다. 평소 배움의 공동체 수업에 관심이 많은 우리 학교 선생님이 손을 들었다.

"저는 배움의 공동체에서 말하는 '연결 짓기'에 주의해서 6모둠을 관찰했는데, 3학년 아이들인데도 서로 잘 연결되더라고요. 평소에 어떻게 가르치시는지 궁금합니다."

"교사와 아이, 교재와 아이, 아이와 아이가 다 연결되어야 하는데, 먼저 잘 들어 주는 관계가 되어야 한다고 생각합니다. 우리는 아이들에게 다른 사람의 말을 귀담아 듣는 방법에 대해서는 가르치지 않았던 것 같습니다. 다른 사람의 말을 귀담아 들으려면 어떻게 해야 할까에 대해 이야기를 나누고, 서로 주의해야 할 것들을 정리해서 실천하게 했습니다. 오늘은 주변에 선생님들도 많이 와 계시니 평소보다 더 잘 되었던 것 같네요."

안 그럴 때가 더 많은데, 괜한 자랑인가 싶어 쑥스러웠다.

아이를 말하다

이제 공개 수업 중 학생을 관찰한 이야기를 나누기 위해 참석한 선생님을 세 개의 분임으로 나누고 각 교실로 흩어졌다. 내가 속한 분임 협의회는 1~2모둠을 관찰한 선생님들이 모인 곳이었다. 우리 학교 선생님 세 분과 다른 학교에서 방문한 선생님 세 분 총 여섯 분의 선생님이 여덟 명의 아이에 대해 관찰한 내용을 이야기 했다. 호진이의 작년 담임 선생님이 먼저 이야기를 꺼냈다.

"호진이는 이란성 쌍둥이인데 여동생에 비해 쓰기, 말하기가 느리고, 학교 적응을 잘 못하는 편입니다."

"아, 그래서 모둠 아이들이 그 아이를 집중적으로 돌보는 분위기였군요. 겉으로 봤을 때는 똑바로 앉아 선생님 말씀을 잘 따라하는 것 같았는데, 나중에 보니 입만 오물거리면서 소리를 내지 않더라고요. 선생님 말을 잘 알아듣지 못하고 머뭇거리니까, 옆의 아이가 가르쳐 주면서도 '호진이는 목소리도 작고 잘 못해.'라고 말하는 걸 보고 낙인을 찍는 것 같아 걱정되었어요."

다른 학교에서 오신 남자 선생님이 낙인 폐해에 대해 말씀하시는 걸 듣고, 작년 담임 선생님이 또 말씀하셨다.

"저는 친구가 도움을 주는 것과 그것을 받아들이는 것, 둘 다 중요하다고 생각합니다. 모둠 활동을 해도 아이들이 모여만 있지 친구에게 진심으로 다가가는 게 무엇인지 알고 있을까 하는 의문이 들 때가 많았거든요. 한 아이를 '못하는 애'라고 낙인찍는 것은 문제가 되겠지만, 호진이에게 도움을 주고, 호진이가 그 도움을 받아들인 것 자체는 긍정적인 것 같습니다."

호진이는 이란성 쌍둥이로 같은 반에 여동생이 있다. 어려워하기는 하지만 주변의 도움을 받아 가며 내가 제시한 과제를 무난히 해내는 것 같았다. 그래서 별문제 없다고 생각했는데, 주변 아이들이 필요 이상으로 도움을 주었던 것 같다.

"수업에서 배우는 게 꼭 교과 내용만은 아니라고 봅니다. 조금 전 전체 협의회에서 연결 짓기에 대해 말했는데, 교사와 학생, 교재와 학생, 학생과 학생 관계 속에서 학습 문제를 '내 문제화'하여 해결해 나가는 과정을 수업 시간에 익힌다고 봅니다. 아이들은 수준 차에도 불구하고 듣고 말하는 과정에서 서로 영향을 주고받으며 과제를 해결합니다. 오늘 저도 동료 선생님들과 아이들에 대해 이야기를 하면서 많이 배우고 있거든요."

도움 받는 아이가 행여 받게 될 낙인 폐해에 대한 문제점과 아이들 간 상호 작용에 대한 이야기는 다른 아이 관찰 이야기를 먼저 한 후 계속하기로 하고 넘어갔다.

"제가 관찰한 준서는 짝이 쓴 답을 보고 따라 썼습니다. 머리는 앞을 보고 있는데 몸은 70도 정도 좌측을 향하고 있었어요. 학습지를 덜 한 것 같은데 다 했다고 손을 드는 걸 보고, '인정받고 싶구나.'라고 생각했죠. 개별 활동이나 모둠 활동 때는 조금 참여하다가도 전체 학습 때는 흐트러졌어요. 그 아이에게 영어는 힘든 과목 같은데, 그런 아이에게 영어를 가르쳐야 하나 하는 생각도 들었습니다."

처음이 어렵지 일단 시작을 하면 끝없이 이어져 나오는 선생님들의 이야기를 들으며, 아이들 한 명 한 명을 떠올렸다. 준서는 눈썹이 짙고 이목구비가 뚜렷한 참 잘생긴 아이인데, 눈이 벌겋게 충혈되어 있고 몸집은 깡마른 편으로 수업 중에 내가 질문을 하면 항상 화가 난 목소리로 대답했다. 책상에 자주 엎드려 있어, 어디 아프냐고 물으면 "안 아파요!"라고 신경질적으로 말하며 다시 엎드리곤 했다. 반 아이들과 모둠 활동을 할 때도 트집거리를 만들어 자신은 하지 않겠다고 징징거리며 돌아앉았다. 잘 몰라서 그러는 것 같아 쉬는 시간에 영어실에 남겨서 공부를 보충하려고 하면 교실로 돌아갈 거라며 고함을 지르고 책상을 쳤다. 제풀에 지칠 때까지 기다렸다가 다시 보충 지도를 하면서 이렇게까지 해야 할 정도로 영어가 이 아이에게 중요한 일인지 나 자신에게 묻곤 했다. 담임 선생님이 본인 수업 시간에도 마찬가지라고 해서 나에게만 그런 건 아닌 것 같아 조금 위안이 되었다. 그렇지만 거의 매 시간 이런 일이 반복되다 보니 이 아이에게 영어를 가르치는 게 미안하기도 하고, 3학년 아이의 사회화가 이 정도밖에 되지 않나 싶어 속상하기도 했다.

"우리 엄마가 영어 안 해도 된다고 했어요!"

이렇게 불만스럽게 말하던 준서가 오늘은 어쨌든 수업에 참여하였다니, 못해서 그렇지 안 하려고 했던 건 아니구나 싶었다.

여섯 분의 선생님들이 관찰한 여덟 명의 아이에 대한 이야기 속에는 평소에 미처 보지 못했던 아이, 잘할 것이라 믿고 넘어갔던 아이, 생각한 것보다 잘하고 있는 아이도 있었다. 고맙게도 선생님들의 수업 관찰 덕분에 아이 한 명 한 명을 다시 돌아보게 되었다.

다시 모여

이윽고, 분임별로 나누어 이야기했던 선생님들이 다시 처음의 교실에 함께 모여 수업 이야기를 정리하는 시간을 가졌다. 공개수업을 진행하기 전 미리 사전 협의회에서 '전체 협의-분임 협의-전체 협의' 순서로 사후 협의회를 진행하자고 결정했다. 우리 학교 선생님뿐만 아니라 다른 학교 선생님도 계시니 전체 의견을 수렴하는 과정이 필요할 것 같아서였는데, 문제는 시간이 너무 많이 걸렸다. 분임장을 맡았던 선생님이 그 분임에서 오고 갔던 이야기를 발표하고, 보충 설명을 원하면 덧붙여 말하기로 했다. 3~4모둠을 맡은 분임장 선생님이 말했다.

"저희 분임에서는 한 아이가 대·소문자 연결을 어려워했지만 포기하지 않고 주변 친구에게 묻는 모습을 이야기했습니다. 마침 이 아이의 1학년 때 담임 선생님이 계셨는데, 아이들이 서로 닦달하거나 무시하지 않고 기다려 주는 모습에 감탄했다고 했습니다. 또 다리를 끊임없이 떠는 아이가 있었는데 다행히도 수업 내용은 잘 따라가고 있었다고 말씀하셨습니다."

다른 학교에서 오신 선생님이 그 아이에 대해 덧붙였다.

"처음에 뒤에서 봤을 때는 다리를 심하게 떨더라고요. 칠판으로 나가서 글을 쓸 때 빼고는 끊임없이 다리를 떨었습니다. 그렇지만 수업의 흐름과 내용은 잘 따라갔고, 모르는 부분은 옆 친구에게 스스럼없이 물어보더라고요. 빙고가 되었을 때 기뻐하고 박수도 치는 등 모둠 활동도 적극적이었습니다. 제 수업 시간에도 이런 아이가 있는데 앞으로는 좀 더 기다려 주어야겠다고 생각했습니다. 한 시간 내내 그 아이만 보고 있자니 점점 사랑스러워져서 수업 마치고 악수하자고 손을 내밀었습니다. 처음 보는 선생님인데도 씩 웃으면서 손을 잡는데 그 눈빛에 제 마음이 따뜻해졌습니다."

그 선생님이 느꼈던 감동이 다른 선생님들께 전달되면서 순간 교실 전체가 뭉클해졌다. 그 아이의 표정이 짐작되었다. '다리는 좀 떨지만 결코 미워할 수 없는 아이!'

드디어 마지막 순서, 수업자인 나에게 협의회를 마친 소감을 물었다.

"선생님들이 아이들 모습을 세세하게 관찰하시고 전달해 주셔서 아이 한 명 한 명을 깊이 있게 이해할 수 있었습니다. 서는 곳이 다르면 풍경이 달라진다고, 교사가 앞에 서 있으면 아이들이 개개인으로 보이는 게 아니라 전체로 느껴지거든요. 다음 시간에는 아이 한 명 한 명을 개별적으로 고려한 수업을 만들려고 하는데, 그때 많은 도움이 될 것 같습니다. 고맙습니다."

여전히 시작

밖은 벌써 어둑해지고 시계를 보니 퇴근 시간을 훌쩍 넘겼다. 선생님들 한 분 한 분이 자신이 관찰한 아이에 대해 말씀하실 때 그 아이에 대한 사랑이 전해졌다. 얌전하고 내성적이던 한 아이는 주변 친구들에게 '이거 어떻게 해?'라고 물어 과제를 해결하였고, 불만 가득한 눈으로 책상에 엎드려 있던 다른 한 아이도 옆 친구의 것을 베끼기는 했어도 과제가 무엇인지 알고자 했고 해내려는 의욕을 보였다.

좋은 신호이다! 어떻게 해야 계속 수업에 집중할 수 있게 할까? 고민은 여전하다. 그렇지만 우리는 계속해서 수업으로 소통하고 있는 중이고, 당연히 성장은 따라올 것이다.

수업 공개, 수업 협의회는 왜 할까? 수업을 공개하는 교사는 자신의 의미 있는 실천을 공유하고, 아이들에 대한 정보를 얻기 위해서 수업을 공개한다. 협의회에 참여하는 교사는 수업 중 아이들이 배우는 모습을 구체적으로 관찰하여 그 정보를 수업 공개를 한 교사에게 제공하고, 아울러 타산지석 삼아 자신의 수업에도 변화를 주고자 협의회에 참여한다. 다음 학기에도 다시 한 번 이 과정을 거치자고 하면 선생님들이 동의할까? 너무 힘든 과정이라 선뜻 그러자고 대답할 것 같지는 않다. 그렇지만 우리는 또 다른 방법을 찾게 될 것이다. 서로 하고자 하는 의지는 단단하니까.

3

스스로 주인 되다

회복적 생활교육과 만나다

조인실

회복적 생활교육, 나를 만나다

부산에 혁신학교가 생겼다는 소식을 듣고 전근을 결심했다. 늘 새로운 학교를 꿈꿔 오긴 했지만 막상 발령을 받고 나니 낯선 환경에 긴장되었다. 개교와 동시에 혁신학교로 지정된 곳이라 부담도 컸다.

2월 워크숍을 시작으로 수시로 교사 다모임이 열렸다. 우리가 꿈꾸는 학교는 어떤 모습인가? 우리가 꿈꾸는 학교를 만들기 위해 꼭 필요한 것은 무엇이고, 버려야 할 것은 무엇인가? 우리가 꿈꾸는 학교를 교육과정에 어떻게 담을 것인가? 우리가 만나는 아이들은 어떤 존재이고, 그들을 어떻게 만날 것인가? 교사들은 다모임 시간에 동그랗게 둘러앉아 다양한 질문을 던지며 서로의 생각과 마음을 나누었다.

사실 이런 질문에 대해 여러 사람들 앞에서 자신의 생각을 말한다는 것은 쉽지 않은 일이다. 그러나 포스트잇을 마주하자 신기하게도 생각이 샘솟듯 떠올랐고, 서로 다양한 의견을 나누면서 그 생각들이 훨씬 넓어지고 깊어졌다. 교사들이 함께 나누었던 질문은 시간이 흐르자 자연스럽게 우리 학교가 지향하는 교육 철학, 교육 비전, 학교 교육과정, 학년 교육과정이 되었다. 교사들이 공동 사고를 통해 학교의 철학과 비전, 교육과정을 만들어 내다니. 이전에는 겪어 보지 못한 새로운 경험이었다.

한편 다모임 시간에 나눈 질문들은 '나는 어떤 교사일까?'라는 또 다른 질문과 연결되었다. 그러자 불현듯 기억 저편에 묻어 두고 있던 아이들이 소환되었다. 부끄럽고 참담했다. 밀려오는 죄책감과 후회로 잠을 이루지 못하고 무수한 밤을 뒤척였다.

'내가 좀 더 일찍 이런 근원적이고 본질적인 질문에 답을 찾아가는 교사였다면 얼마나 좋았을까? 나는 누구이고, 교사로서 어떻게 살아야 하는가?'

고통스러운 시간이었지만 고맙게도 이 질문들은 내가 교사로서의 삶을 살아가는 힘이 되어 주었다.

어느 날 리더 교사인 선배가 교실로 찾아와 수업 공개를 부탁했다.

"이제 우리에게 제일 중요한 수업 혁신을 해야 할 때인데, 조 선생의 수업 공개가 계기가 되었으면 좋겠어."

사전 수업 협의회를 통해 다른 선생님들의 도움을 받고, 수업 후에는 수업 나눔을 하면서 수업 성찰도 해 보자고 하셨다. 선뜻 수락하였지만 어떤 주제를 잡아야 할지부터 막막했다. 막연한 채로 교문을 나서던 길에 외국인 노동자 몇 분과 마주쳤다. 학교 인근 공단에서 일하는 분들이었다.

'그래, 이분들이 우리 학교의 상황으로 보아 가장 자연스러운 탐구 과제일 수 있겠다. 탐구 방법은 온작품 읽기를 중심에 둔 프로젝트 수업이 좋을 것 같다.'

다문화 교육에 알맞은 문학 작품을 선정하고 여러 서적과 수업 사례를 살펴보면서 교육과정을 구성하고 수업을 준비하였다.

사전 수업 협의회에서 선생님들과 묻고 답하며 다문화 교육의 방향성이 조금씩 명확해지는 듯했고, 수업 아이디어도 떠올랐다.

"수고 많았어요. 예전에는 사람들 앞에서 긴장을 많이 했던 것 같은데, 오늘 보니 전혀 그렇지가 않네요."

'맞아. 내가 그랬지.'

사람들 앞에서 내 생각과 의견을 말할 때면 여지없이 목소리가 떨렸다. 심장은 요란스레 쿵쿵대고, 얼굴은 빨갛게 달아올랐다. 잘못 말하지는 않았나 밤잠을 설칠 때도 있었다. 그래서 마음과 생각을 나누는 것보다 교실이라는 경계 안에 나를 가두고 혼자 있는 것이 편했다.

'대화하는 해석된 자아'라는 말이 있다. 철학자 리쾨르가 '나'를 이해하는 방법으로 제시한 개념인데, 사람들은 자기 관념이나 생각으로 '나'를 이해하는 게 아니라, 타자와의 대화를 통해 '나'를 만나게 된다는 뜻이다. 새로운 나를 발견할 수 있도록 나를 관찰해 준 선생님의 관심과 격려가 정말 고마웠다.

나는 이제 학교에서 자신감을 가지고 당당하게 나의 이야기를 한다. 나를 이렇게 변화시킨 것은 학교 문화로 자리 잡은 회복적 생활교육 덕분이었다. 회복적 생활교육은 기존의 권위적이고 응보적인 생활 지도 방식이 학교 현장에서 한계를 드러내면서 대안으로 찾은 교육적 접근 방식으로, 존중, 책임, 관계, 안전한 공동체 등을 핵심 가치로 삼는다. 이를 구현하기 위해 회복적 생활교육은 서클(circle)로 대화를 한다. 우리 학교는 선생님이든 아이들이든 모이면 언제나 원을 만들고 둘러앉아 대화를 한다. 얼굴을 마주 보며 대화하면 우리가 서로 연결되어 있다는 친근감을 느낀다. 서클에는 서로가 눈높이를 맞추고 존중하며 존재를 있는 그대로 수용하는 신비한 힘이 있는 듯하다.

열등감과 자책감으로 자신의 존재마저 부정하고 싶었던 나를 자기 목소리를 가진 단단한 나로 세운 힘은 서클 속에 함께해 준 동료 교사들이었다. 우리는 서로에게 자신의 이야기를 하며 삶의 의미를 발견했고 고립과 외로움으로부터 벗어나 마음을 치유

할 수 있었다. 그리고 신뢰할 만한 누군가에게 나의 삶에 대해 말하는 것을 스스로 들으면서 비로소 우리 자신이 어떤 존재인지 깨닫게 되었다.

내가 나를 만나고 나니 비로소 자기 이야기를 들어 달라는 아이들의 목소리가 들리기 시작했다. '선생님, 선생님' 불러 대는 아이들 목소리는 자기 이야기를 시작하겠다는 머리말 같다. 아이들이 나를 부를 때 나는 가슴이 시리다. 이렇게 부족한 나를 '선생님, 선생님' 하고 불러 주니 말이다.

회복적 생활교육, 아이들의 삶을 만나다

아이들은 교실에서 하루 종일 재잘거린다. 존경하는 교육자 이오덕 선생님은 아이들을 '이야기적 존재'라고 했다. 아이들은 자신의 이야기를 하고, 이야기를 살아 내고 다시 이야기하면서 자기를 알아 가고 자기 자신이 되어 간다. 아이들은 자기 이야기를 할 때 생기가 넘친다. 허구이지만 실제 인간의 삶이 담긴 문학 작품은 아이들이 자신의 이야기를 꺼내기 좋은 소재이다. 책을 읽고, 자신의 삶과 견주어 이야기 나누다 보면 아이들은 자신의 이야기를 하게 된다.

회복적 생활교육은 수업 시간에 서클을 만들어 아이들이 자신의 이야기를 할 수 있도록 안전한 공간을 만들어 준다. 박완서 작가가 쓴 『이 세상에 태어나길 참 잘했다』로 온작품 읽기 수업을 할 때였다. 언제 이 세상에 태어나길 잘했다는 생각이 드는지 묻자, 아이들은 가족들과 있을 때, 엄마가 나보고 웃을 때, 친구들과 놀 때, 방탄소년단 '덕질'을 할 때, 내가 하고 싶은 일을 할 때, 맛있는 것을 먹을 때라고 대답했다. 그런데 한 아이의 답은 달랐다.

"저는 이 세상에 태어나길 잘했다는 생각이 들지 않아요. 친구들 이야기를 들으면서 나도 행복한 때가 있는지 생각해 봤어요. 그냥 자유로울 때가 행복한 것 같아요."

"궁금한 게 있는데, 언제 자유롭지 못하다고 생각하니?"

"저는 제 입과 마음이 마음대로 안 돼요. 표현도 안 되고 제어도 안 돼요. 그리고 자주 예지몽을 꿔요. 지금 수업 시간에 제가 말하고 있는 이 상황도 어젯밤 꿈에서 봤어요."

난데없는 예지몽 이야기에 다른 아이들이 당황하면 어쩌나 했는데, 이후 한참 동안 꿈 이야기가 이어졌다. 다른 아이들 꿈 이야기를 겨우겨우 마무리 짓고 다시 이야기를 이었다.

"그럼 지금 자신에게 가장 필요한 건 무엇이니?"

"저에게는 자유가 필요해요. 엄마가 제 생활 전부를 짜 놓았어요. 저는 저 혼자만의 시간이 필요해요."

게다가 남자 쌍둥이라 집안이 늘 소란스럽고 형제끼리 자주 싸운다고 했다.

"자유롭게 혼자만의 시간을 주면 무엇을 하고 싶니?"

"게임을 하고 싶어요. 지금은 일주일에 한 시간밖에 할 수가 없거든요."

"일주일에 한 시간이면 많이 부족하겠구나. 어머니와 이 문제에 대해 대화는 해 봤니?"

"우리 엄마는 안 돼요."

함께 속상해하고 공감해 주자 아이는 점차 차분하고 편안해졌다. 회복적 생활교육에서 가장 중요한 것은 존중이다. 존중은 상대방의 이야기를 온전히 집중해서 들어주는 것이다. 존중받고 이해받는 아이들의 마음은 편안하고 행복하다. 존중받는 아이는 자신감을 가지고 자신의 이야기를 하고 자신의 삶을 살아간다.

실과 시간에 나무 의자 만들기를 할 때였다. 짝을 어떻게 정할지 서클을 열어 학급 다모임을 했다. 아이들은 팀워크와 협력이 중요하기 때문에 친한 친구들과 짝을 해야 한다고 결정했다. 친한 친구와 짝을 하게 되면 짝을 정하지 못하는 친구가 생기게 된다. 우리 반에는 지적 장애가 있는 아이가 있는데, 이 아이가 누구와 짝을 하게 될지 걱정되었다. 그런데 자유롭지 못해 행복하지 않다던 아이가 기꺼이 이 아이와 짝을 하겠다고 말했다. 둘은 함께 못질을 하고 칠을 하며 의자를 완성했다. 『이 세상에 태어나길 참 잘했다』온작품 읽기를 마치는 날, 아이는 포스트잇에 이렇게 썼다.

나는 학원이 늦게 마칠 때나 부모님이 잔소리를 할 때 내가 사는 이유를 몰랐는데, 이제 살아가는 의미를 알게 되었습니다.

회복적 생활교육은 아이들이 '나'를 만나고 온전한 '나'로 자신의 삶을 살아가게 해 주었다. 그리고 서클은 아이들에게 자신의 이야기를 진술하게 할 수 있는 안전한 공간을 제공해 주었다. 이렇게 안전한 공간에서 아이들은 자신의 이야기를 하면서 자신의 존재 의미를 찾아 가게 되었다.

회복적 생활교육, 갈등을 성장의 기회로 만들다

수업을 거부하는 아이가 있었다. 수업 시간에 책을 펴지 않아 내가 꺼내 주어야 했고 책을 펼쳐도 수업에는 참여하지 않았다. 종종 수업 중에 만화책을 읽어서 나와 갈등을 빚었지만, 다행스럽게도 수업을 방해하는 행동은 하지 않았다.

"나는 게이머가 될 거라서 공부 안 해도 돼요."

"수업 마치고 남으세요."

"왜요? 왜요?"

아이는 볼멘소리로 불평했지만 내게 시간을 내어 주었다. 나는 교실 앞 게시판에 붙어 있는 감정 카드로 자신의 기분을 찾아보라고 했다. 아이들이 자기감정을 인지하거나 언어로 표현하기 힘들어할 때 감정 카드는 자신의 감정을 쉽게 찾고 드러내는 데 도움을 준다.

"지금 기분이 어때?"

"불안해요."

"왜?"

"선생님이 무슨 말을 할지 몰라서요."

사실 나 역시 아이와 무슨 말을 해야 할지 몰라 내심 불안해하고 있었다. 그러나 아이가 '불안해요.'라고 감정을 찾아 말하자 안심이 되었다. 감정을 표현하고 나니 대화를 할 수 있게 되었기 때문이다.

하지만 이후에도 소소한 갈등은 계속되었다. 대부분의 아이들은 코로나19로 인해 하루 종일 마스크를 써야 하는 힘든 상황을 잘 견디고 있지만 이 아이는 자주 마스크를 내리고 있었다. 영어 전담 시간에 아이들을 살펴보던 나는 마스크를 턱 밑으로 내리고 있는 아이의 모습에 화가 났다.

"마스크 교체하세요."

나는 아이에게 지금 쓰고 있는 검정색 천 마스크를 다른 걸로 교체하라고 요구했다. 아이가 말을 하면 천 마스크가 계속해서 턱까지 흘러내렸기 때문이었다.

"싫어요. 이게 편하단 말이에요. 내려가면 또 올리면 되잖아요."

마스크를 교체해야 할 이유를 설명하며 고집을 꺾으려고 했지만 아이는 한 시간 넘게 고집을 피웠다. 해결될 기미가 안 보이자 난감하고 초초해졌다. 감정이 격해지려 했다. 내가 자제력을 잃고 감정적으로 대하면 비극적인 결과를 초래할 것이 분명했다. 내가 원하는 것은 아이와 나의 성장과 행복이다. 그렇다면 나는 이 갈등을 성장과 행복을 위한 방식으로 끌어안아야 한다. 그러기 위해서는 감정에 사로잡힌 즉각적 반응으로 일을 그르치지 말아야 하고, 아이에게 선택할 수 있는 공간을 만들어 주어야 한다.

'지금 바로 모든 행위를 멈추자. 그리고 호흡을 하고 마음을 챙기자.'

심호흡을 했다. 답답했던 가슴이 편안해지니 아이를 복도에 세워 두고 노려보고 있는 나를 알아차릴 수 있었다. 나는 아이를 데리고 연구실로 갔다.

"코로나19로 위험한 상황인데 네가 마스크를 내리니 우리 반 안전이 걱정되는구나. 마스크를 다른 걸로 교체하면 안 내려가서 좋겠는데, 어떻게 생각하니?"

고집을 피우다가 공간을 바꾸어 선생님과 마주보게 되자 아이는 이전과 다른 응답을 했다.

"바꿀게요."

아이는 자신을 존중해 주지 않는 선생님의 지시를 단호히 거절했다. 아이도 나처럼 취향이 있고 계획이 있는데 무조건 바꾸라고 명령을 했으니 어쩌면 거절하는 것이 당연했다. 아이도 교사와 마찬가지로 억지로 시키거나 명령하면 기분이 언짢고 하기 싫다. 아이는 내가 마음대로 지배하는 대상이 아니라 서로 공감하고 존중하는 상호 관계적 존재이다. 아이를 한 사람의 인격체로 존중해 주자 비로소 교사의 부탁을 들어줄 수 있는 협력 관계가 되었다.

요즘 그 아이는 수업 시간에 스스로 책을 펴고 수업에 참여한
다. 모르는 것이 있으면 나에게 와서 도움을 요청한다. 과제도 곧
잘 해낸다. 그리고 과제를 수정하거나 보충해 달라는 나의 부탁을
기꺼이 그리고 따뜻한 마음으로 수용해 준다.

학생을 존중하고 공감하는 언어를 사용하는 비폭력적인 교사
가 되고 싶다. 그러나 지시하고 명령하는 나의 언어는 습관이 되
어 버려, 바람과 달리 변화가 참 더디다. 비폭력적 대화로 언어를
바꾸기 위해서는 많은 연습과 실천이 필요하다. 걸음마를 내딛는
어린아이처럼 넘어지더라도 다시 일어나, 조금씩 비폭력적인 언
어로 아이들과 만나길 기대한다.

회복적 생활교육, 자치와 만나다

복도가 요란했다. 싸우는 소리인가? 교실 문을 열고 나가 보니
두 아이가 싸우고 있었다.

"무슨 일인지, 누가 먼저 이야기해 볼까요? 그런데 이야기하기
전에 서로 약속을 해야 해요. 친구가 하는 이야기를 잘 듣고 그대
로 다시 반복해서 말해 주어야 해요."

한 학년 높은 아이가 먼저 말했다.

"코로나19 때문에 위험한데 얘가 마스크를 자꾸 내려서 짜증이
났어요."

"들었지요? 지금 형이 말한 것을 들은 대로 반복해서 말해 줄래

요?"

"저 형이 욕하고 때렸어요."

형이 하는 말을 잘 듣고 들은 대로 반복해 달라고 했지만 잘 되지 않았다.

"먼저 형이 지금 한 말을 똑같이 반복해야 이야기할 기회를 줄 거예요. 그럼 형이니까 동생에게 다시 한 번 말해 주세요."

"코로나19 때문에 위험한데 마스크를 자꾸 내려서 짜증이 났어요."

"코로나19 때문에 위험한데 자꾸 마스크를 벗어서 짜증이 났다고 했어요."

나는 고개를 끄덕였다. 이제는 작은 아이 차례였다.

"저 형이 고함을 지르고 욕을 했어요. 지난번에는 제 동생한테도 마구 욕했어요."

"들은 대로 반복해 줄래요?"

"내가 고함지르고 욕을 했다고 했어요. 자기 동생한테도요."

들은 말을 그대로 따라 말하려면 경청을 해야 하는데, 이것을 반영적 경청이라고 한다. 아이들은 서로가 한 말을 경청하고 반복하면서 자신이 한 행동이 상대방에게 어떤 영향을 끼쳤는지 생각하게 된다. 일단 공감이 되어야 대화가 되고, 서로 이해하게 된다. 거기까지 가면 신기하게도 아이들은 누가 먼저랄 것 없이 사과하고 서로 용서한다.

"형아, 내가 마스크를 벗어서 미안해. 앞으로 잘 쓸게."

"나도 미안해. 고함을 질러서. 이제 좋은 말로 할게."

두 아이는 토닥이며 교실을 나갔다.

아이들의 변화는 신비 그 자체이다. 금방 용서하고 회복하고 돈독해진다. 모든 갈등 상황에서 이해 당사자들은 자기 나름의 이유와 억울함이 있다. 그 입장을 물어 주고 서로의 감정과 생각, 바라는 점을 비폭력 대화로 나눌 수 있도록 중재자의 역할을 해 주면 아이들은 신기하게도 갈등을 해결하고 자신과 상대가 모두 행복할 수 있는 방법을 찾아낸다. 이렇듯 회복적 생활교육은 갈등을 성장의 기회로 바꿔 주고, 서로간에 생긴 문제를 폭력 없이 해결해 나갈 수 있게 한다.

쉬는 시간에 교무실에서 일을 보다 수업에 늦은 적이 있었다. 나는 걱정스러운 마음으로 교실로 갔다. 그런데 시끌시끌할 줄 알았던 교실이 조용했다. 한 아이가 두 친구의 싸움을 중재하고 있었고, 반 아이들도 두 친구가 하는 이야기를 듣고 있었다. 나는 한 아이의 중재로 갈등이 평화롭게 해결되는 과정을 지켜보면서 영감이 떠올랐다.

'아이들이 갈등을 중재하는 조정자를 하면 되겠구나!'

우리 학교에는 이 아이처럼 또래들에게 조정자 역할을 해 주는 아이들이 있다. 바로 자치 위원들이다. 자치 위원들은 갈등 중재자 역할을 하기 위해 8회기 동안 비폭력 대화로 중재하는 방법을 배우고 연습한다. '무슨 일이 있었나요?', '그래서 지금 마음은 어떠한가요?', '지금 바라는 것을 말해 줄 수 있나요?', '안전하고 행복한 학교생활을 위해 어떻게 하면 될까요?' 또래 조정자는 질문과 대화를 통해 갈등을 해결할 수 있도록 서로를 연결해 준다.

아이들은 갈등이 생기면 자치 위원에게 조정을 요청한다.

"또래 조정이 필요합니다."

또래 친구가 조정을 하면 선생님보다 마음이 편해서 아이들이 더 솔직하게 말할 수 있고 더 공감받을 수 있다고 한다. 그러나 갈등이 심각해서 조정이 어려운 경우에는 선생님에게 조정을 요청한다. 선생님들은 아이들이 스스로 갈등을 해결해서 다른 일을 할 수 있는 여유가 생겨 좋다고 한다. 그래서 선생님들이 사용하던 연구실을 또래 조정실로 내어 주었다. 이제 연구실은 선생님들의 전용 공간이 아니다. 아이들이 협력하여 갈등을 해결하고 학교 행사와 교육 활동을 함께 계획하는 공동 공간이 되었다.

"선생님, 저도 조정해 보고 싶어요. 제가 한번 해 볼게요."

또래가 조정하는 것을 보고 배우거나 회복적 중재를 경험해 본 아이들 중에는 자신이 또래 조정자가 되어 보겠다고 지원하는 경우가 있다. 우리 학교에 이런 아이들이 많았으면 좋겠다. 그전에 갈등 당사자들이 비폭력 대화로 자신들의 문제를 스스로 해결할 수 있으면 더욱 좋겠지만.

회복적 생활교육을 만난 것은 나에게 큰 행운이었다. 회복적 생활교육은 '나 자신'을 만나게 해 주었고, 아이들에게는 갈등을 성장으로 연결시켜 주었다. 그래서 그것은 나의 철학이 되었다. 회복적 생활교육이 나와 아이들에게 선한 영향력을 끼쳤듯, 더 많은 교사, 학교, 학부모에게 알려지면 좋겠다. 나아가 우리 사회를 평화롭고 행복하게 하는 문화가 되길 바란다. 회복적 생활교육이 문화가 되기 위해 가장 중요한 것은 바로 '존중'이다. 나와 모든 이를 고귀한 인격체로 존중하는 것, 어떤 경우에도 내가 지켜야 할 기본이고 핵심이다.

눈길을 나눈 시간

김옥영

사물함 자리 정하기가 쏘아 올린 가르침

교직 생활 20년이 넘었지만 여태까지 사물함 자리를 정하는 것으로 아이들과 의논해 본 적은 없었다. 나름대로 합리적이라고 생각하는 방법을 정한 후, 반 아이들에게 알아듣게 잘 설명해 문제없이 사용하면 그만이었다. 그건 다른 소소한 학급 일을 정할 때도 마찬가지였다. 새 학기가 되면 아이들 얼굴도 보기 전에 혼자서 미리 준비를 해 두었다. 사물함 위 칸은 남학생, 아래 칸은 여학생으로 정한 다음, 이름표를 만들어 번호순으로 붙여 놓으면 끝이었다. 그러면 아이들은 당연하다는 듯 자기 이름이 붙은 사물함에 물건을 정리해 넣고 일 년 내내 사용했다. 다른 할 일도 많은데 그

깟 사물함 자리 정하는 일에 신경 쓸 시간도, 아니 협의가 필요할 거라는 생각 자체도 없었다.

다행복학교 2년차, 그렇게 사랑스럽다는 4학년을 맡았다. 직전 해에 6학년을 맡아 하루가 멀다 하고 싸우며 가열찬 한 해를 보냈던 나는 이번만큼은 기필코 학급 운영을 성공적으로 해내고 싶었다. 그 목표를 위해 맨 먼저 한 일은 학급 운영에 관한 좋은 자료를 모으는 것이었다. 아이들을 만나기 전에 일 년치 계획을 미리 완벽하게 짜기 위해서였다. 어떤 아이들을 만날지, 아이들이 무엇을 원할지에 대한 고려는 안중에도 없이, 나만 잘하면 된다는 어리석은 의욕이 앞섰던 때였다. 좋은 자료를 찾아 책이며 인터넷을 뒤지다 우연히 교직 경력 3년 차인 한 선생님의 글을 읽게 되었다. 그 선생님은 학기 초 사물함 자리를 정하는 사소한(?) 일부터 아이들이 스스로 결정할 수 있도록 함께 의논한다고 했다. 순간 머리를 한 대 맞은 기분이 들었다.

'나는 참 내 맘대로만 해 왔구나! 아이들도 자기가 사용하고 싶은 사물함의 위치가 있을 텐데, 사소한 일로 치부하고 내 맘대로 정해 버렸구나. 무신경한 선생이었어.'

사물함 자리 정하기는 아이들을 대하는 나의 태도를 근본적으로 다시 생각해 보게 하는 도화선이 되었다.

아이들과 만난 지 사흘째 되는 날, 학급 다모임에서 '사물함 자리 정하기'란 주제로 이야기를 나누었다.

"네? 번호 순서대로 안 하면 자기 사물함이 어디 있는지 찾기가 불편하지 않을까요?"

이 아이는 효율성을 중요시하는 나와 비슷한 성향의 아이였다.

"에이, 괜찮아. 자기 거는 다 잘 찾을 수 있어. 자유롭게 정하는 게 좋잖아."

자유로운 영혼의 아이이다. 지금은 저런 성향의 아이가 내게 필요했다. 아직 이름도 다 외우지 못한 아이들이지만 하는 말만 들어도 그 성향을 눈치챌 수 있었다.

"선생님, 저는 번호가 앞이어서 만날 앞쪽 사물함만 사용했는데, 다른 데도 사용해 보고 싶어요."

오! 내가 원하던 말이다. 제법 설득력 있게 말해 주는 녀석이 고마웠다. 이때까지 한 번도 자기들이 사물함 자리를 정해 본 적이 없었다고 신기하고 재미있겠다며 좋아하는 아이들이 많았다. 반대 의견을 말했던 아이들도 또래의 의견을 들으니 좋겠다고 생각이 드는지 긍정적인 반응을 보였다.

"그럼, 어떻게 정할까요?"

"뽑아요!"

아이들이 와르르 의견을 쏟아냈다. 그중 몇 가지 의견을 정리해서 칠판에 적고는 토의를 시작했다. 각 방법이 가지는 장점과 단점을 서로 이야기하고 그중 아이들이 가장 선호하는 방법으로 정했다. 손을 들어 다수결로 정하긴 했지만 토의를 통해 단점을 보완하는 과정을 거쳐서인지 다른 방법을 주장했던 아이들도 큰 불만 없이 따르겠다고 했다. 방법을 결정하는 데 오랜 시간이 걸렸지만 적극적으로 자기 의견을 표현하고 경청했던 의미 있는 시간이었다.

"그럼, 선생님이 번호표를 만들어 바구니에 담아 놓을 테니 내일 아침에 교실에 오는 대로 자기가 사용하고 싶은 사물함에 가져다가 끼워 넣으세요. 혹시 한 사물함에 여러 사람이 몰리면 의논한 대로 서로 양보하거나 가위바위보로 정해 주세요."

다음 날 아침, 교실 문을 들어서니 먼저 와 있던 아이들이 쪼르르 달려온다.

"선생님, 저는 윗줄 제일 오른쪽 사물함에 제 번호표 끼웠어요. 저기로 정하고 싶어서 오늘 일부러 일찍 왔어요."

키가 작고 똘똘해 보이는 해리가 사물함을 가리키며 신이 나서 보고한다. 혹시 서로 좋은 위치를 차지하겠다고 다툼이 일어나지 않을까 했던 내 걱정은 기우였다. 사물함 자리에 관심 있는 녀석들은 정성을 들여 일찍 왔고, 자리에 연연하지 않는 마음 편한 녀석들은 남은 사물함을 불만 없이 갖는 평화로운 모습이 보기 좋았다.

사물함 자리를 정하면서 아이들은 자기들이 참여한 결정을 소중하게 생각해야 한다는 것과 정해진 약속을 잘 지켜야 한다는 것을 한꺼번에 깨우쳤다. 그 깨우침은 나에게도 일어났다. 주어진 일이 아니라 하고 싶은 일이어야 더 큰 배움이 일어난다는 뻔하지만 잊고 있었던 진리를 깨우쳐 준 마법 같은 시간이었다.

고구마를 찌며 나눔을 배우다

김장용 무를 심으려면 텃밭을 비워야 했다. 9월이라 조금 이른 듯했지만 그동안 아이들과 텃밭에서 길렀던 고구마를 캐기로 했다.

"여러분, 선생님이 들고 있는 이 고구마 순을 보세요. 이렇게 작은 순을 지난 5월에 심었어요. 기억나요?"

아이들이 내 손에 있는 작은 고구마 순을 보며 '네'라고 학교가 떠나갈 듯 큰 소리로 대답했다. 수업 시간에 밭에 나와 고구마를 캐니 기분이 한껏 좋은가 보다.

"그런데 지금 여기 보면, 그때보다 넝쿨이 수십 배, 수백 배 더 컸지요? 넝쿨에서 잎이 달린 부분은 맛있는 반찬이 돼요."

아파트 거실 크기의 텃밭에서 나온 넝쿨인데 4학년 아이 60명이 한 줄기씩 들고 옮길 만큼 양이 많았다. 어릴 때 농사를 지어 봤다는 이유로 텃밭 수업을 이끌게 된 내가 이번에는 고구마 캐는 법을 열심히 설명했다.

"이제 흙 속에 있는 고구마를 발굴할 거예요. 한 사람에 한 개씩이에요."

고구마가 많지 않아 모든 아이들이 다 캐 보려면 딱 한 개씩만 캐야 했다. 곧이어 캐라고 하지 않고 발굴하라고 한 이유를 이야기했다.

"고구마를 캘 때 호미로 콕 찍으면 고구마가 어떻게 될까요?"

"상처가 나요."

"맞아요. 그래서 살살 유물을 발굴하듯이 찾아내야 해요."

텃밭이 좁아 차례대로 몇 명씩만 안으로 들어가 고구마를 캐게 했다. 장갑을 낀 손으로 고구마를 하나씩 발굴해 낸 아이들은 친구들과 선생님한테 자랑하기 바빴다. 아이들이 실망하면 어쩌나 싶었는데 생각보다 고구마가 실하게 자라 주어 다행이었다. 갑자기 시끌벅적해졌다. 한 아이가 자기 머리통만 한 고구마를 들어보였다. 아이들 입에서 부러움과 탄성이 터져 나왔다. 이미 고구마를 캔 아이들은 할 일 없이 구경만 하고 있어 고구마 줄기를 따게 했다. 고구마 캐는 데 온 정신이 팔린 선생님을 대신해 친구들에게 줄기 따는 법을 설명해 주는 아이가 있었다. 식물에 관심이 많아 텃밭에 자주 다니며 배웠다고 하였다. 교실에만 있었다면 절대 발견 못 했을 재능이다.

겨우 고구마만 캤는데 뒷정리할 시간도 없이 점심시간이 되었다. 정리는 선생님들의 몫이다. 학교에서 텃밭을 가꾸면 노동의 반 이상이 선생님들 몫이다. 심기 전 준비와 수확 후 정리까지. 그나마 밭갈이는 모든 선생님들이 함께 도와주어 다행이다. 서둘러 점심을 먹고 텃밭으로 가는데 텃밭 앞 현관 그늘에 아이들이 동그랗게 모여 앉아 있었다. 가운데에 고구마 줄기를 수북하게 쌓아 두고 줄기를 까고 있었다. 5학년 여자아이들 틈에 6학년 여자아이들도 보였는데, 지나가다 합류한 모양이었다. 동네 아지매들 모양으로 둘러앉아 잡담을 하며 고구마 줄기를 까는 풍경이라니!

'그래. 학교 폭력을 막는다고 따로 프로그램을 만들 필요가 있나? 저렇게 선후배끼리 어울려 고구마 줄기를 까는 사이인데, 무슨 학교 폭력이 있겠어.'

혼자 한껏 뿌듯해하며 텃밭을 정리하러 갔다. 빗자루를 들고 울타리 주변에 흩어진 흙과 찌꺼기를 쓸고 있는데 1학년 여학생 셋이 다가왔다. 자기들도 청소를 하고 싶단다. 내가 쥐고 있던 빗자루를 건네받은 아이가 신이 나서 흙을 쓸어 모았다. 그걸 보던 다른 두 아이가 자기들은 왜 빗자루를 안 주냐고 졸라 대서 할 수 없이 창고에 있던 빗자루를 가져다주었다. 서투른 비질이었지만 제법 흙이 모였다.

"선생님, 우리 참 착하지요?"

은근 칭찬을 강요한다. 자기들은 1학년 1반 1번, 2번, 3번이라며 깔깔댄다. 나중에 1학년 선생님한테 들으니 자기들이 4학년 선생님을 도와주었다고 그렇게 자랑을 했다고 한다.

1학년 아이들이 돌아가고 동학년 선생님들과 잎과 넝쿨을 정리하고 흙을 대충 쓸어 담았다. 교실에 들어가니 여자아이들이 호들갑이다.

"선생님, 6학년 언니야들 고구마 줄기 까기 도사예요."

"우리 학교 언니야들이 잘하는 게 많긴 하지."

"진짜 빨리 잘 까요."

6학년들은 5학년 때 고구마 줄기를 까 보았다. 그중에서도 손이 야무져 웬만한 어른보다도 잘하던 아이가 있는데, 아이들이 말하는 도사가 바로 그 아이였을 것이다. '선배에 대한 존경심이 고구마 줄기를 까면서 생겨났구나.' 하는 생각에 웃음이 픽 났다.

서툴지만 숫자로 승부하는 개미 군단이 깐 고구마 줄기가 석 단 남짓이나 되었다. 그걸로 내가 김치를 담그고, 다음 주에 고구마를 쪄 함께 먹기로 했다.

일주일 동안 고구마 줄기 김치가 숙성되기를 기다렸다가 고구마를 찌기로 했다. 학습 준비물실에서 가져온 전기 찜기에다 고구마를 찌자 교실에 고구마 찌는 냄새가 가득했다. 단맛이 덜 든 고구마를 아이들은 꼬랑지만 한 것까지 다 먹어 치웠다. 고구마의 반을 두레짝인 3학년 아이들에게 선물로 주는 바람에 양이 부족했나 보다. 평소라면 잘 먹지도 않을 고구마 줄기 김치까지 싹 먹어 치웠다. 자기들이 직접 심고 가꾸고 거둔 먹을거리를 아끼며 나누어 먹던 그 순간을 나이 들어서도 잊지 말기를 바라 본다.

메추리가 남긴 커다란 선물

"선생님, 우리가 새 무덤 옆에서 울고 있는데, 2학년들이 위에서 물에 적신 휴지를 던지고 비웃었어요."

평소에는 내가 들어오든 말든 쳐다보지도 않던 녀석들이 그날은 교실 문을 들어서자마자 내 앞으로 뛰어왔다.

"2학년들이 아직 철이 없어서 그랬나 보다. 이제 자리에 앉아라."

공감 능력 부족하기로는 2학년들 못지않은 내가 업무적인 말투로 대답했다.

"너희들은 기르던 새가 죽어서 너무 슬펐겠지만 2학년은 너희들이 왜 우는지 몰라서 그랬던 게 아닐까?"

"아무리 어려도 다른 사람이 우는데 놀리는 건 아니죠."

내가 2학년 아이들을 변호하자 샐쭉해진다.

"그래, 너희 말이 맞다. 놀린 건 잘못이지. 선생님이 2학년 선생님한테 말해서 그 아이들이 사과하게 할게."

"아니에요. 제가 아까 2학년 선생님한테 가서 얘기했어요. 알아보고 이야기해 주겠다고 하셨어요."

"그래? 그럼 좀 기다려 보자."

다음 날 출근길에 화단을 보니 여섯 아이가 빙 둘러앉아 새가 묻힌 곳을 보고 있었다. 무덤 주변에 자기들이 직접 딴 꽃과 동아리 시간에 만든 팔찌, 작은 돌들이 놓여 있었다. 죽은 새를 추모하는 시간이 하루면 될 거라고 생각했는데 아닌가 보다. 교실에 들어서기가 무섭게 아이들이 또 내 앞으로 몰려왔다.

"선생님, 2학년들이 새 무덤을 파헤쳤어요."

잔뜩 화가 나서 얼굴이 벌겠다.

"뭐? 왜 그런 짓을 했다고 하더노?"

교사용 책상 의자에 앉으며 내가 물었다.

"정아가 시켜서 그랬대요."

"정아가? 에이, 그건 아닌 것 같다."

평소에 부끄러움을 많이 타서 친구나 선생님한테 말도 제대로 못하는 순디 순한 정아의 모습을 떠올리며 나는 단박에 부정했다. 때마침 옆 반 김 선생님이 찾아왔다. 자초지종을 묻는 내게 김 선생님이 알려 준 사건의 내용은 이랬다. 어제 오후에 2학년 아이가 새 무덤을 파헤치는 걸 4학년 아이들이 보고는 흥분해서 뭐라고 하자, 2학년 아이가 4학년 어떤 누나가 파 보라고 시켰다고 변명했다고 한다. 그런데 그 시킨 누나가 2반의 정아라고 했단다. 복도에서 거의 통곡하다시피 엉엉 소리를 내며 울고 있는 정아를 친한 아이 몇 명이 옆에서 달래고 있었다.

"정아야, 선생님들이 알아볼 테니 그만 울고 들어가거라."

눈가까지 빨개진 정아는 여전히 설움이 복받치는지 욱욱거리는 소리를 내며 교실로 들어갔다. 마침 복도로 나오던 2반 김 선생님이 학년 다모임을 열어야겠다고 했다.

"아무래도 이 일에 대해 아이들과 이야기를 해야 할 것 같네요. 아이들이 흥분해서 2학년 아이들과 부딪칠 수도 있고, 정아가 시켰다는 오해도 풀게요."

평소에도 4학년은 작은 일이라도 오해할 소지가 있거나 다툼이 있을 때면 다모임을 열어 아이들 생각을 듣고 소통을 통해 문제를 해결하곤 했다. 4학년 1, 2, 3반 아이들이 모두 모인 2반 교실 안은 다른 때와는 다르게 무거운 분위기가 감돌았다. 먼저 2학년 선생님이 조심스럽게 들어와 자기소개를 하고선, 어제 오후 새 무덤을 파헤쳤던 두 아이와 나눈 이야기를 들려주었다.

"선생님도 작년에 다른 학교에서 3학년들과 닭을 키워 봤어요. 그래서 새가 죽었을 때 여러분들이 얼마나 슬펐을지 조금은 알 것 같아요. 그런데 동생들이 그런 행동을 했으니 화가 많이 났을 거예요. 우리 반 아이들에게 어제 물휴지를 왜 던졌냐고 물어봤더니 4학년들이 새 때문에 슬퍼하고 있는 건 몰랐고, 그저 장난을 친 거라 했어요. 물론 그런 장난도 나쁜 짓이라 주의를 줬어요."

교실엔 바스락 소리 하나 들리지 않았다.

"방과 후에 무덤을 파 본 건 죽은 새가 어떻게 생겼는지 보고 싶어서 한 거래요. 동생들이 겁이 나서 이 자리에 사과하러 못 오겠다고 해서 대신 편지를 쓰게 했어요."

2학년 수준에 맞게 내용은 간단했다.

형아, 누나 미안해요. 죽은 메추라기가 어떻게 생겼는지 궁금해서 파 보았어요. 형아, 누나들이 슬퍼하는 줄 몰라서 그랬어요. 미안해요.

아이들은 동생들이 '메추리'를 '메추라기'라고 하자 웃음을 터뜨렸지만, 이내 정색하고 궁금한 점을 물었다.

"호기심에 파 보았다고 하는데, 그래도 너무 심하지 않나요? 어떻게 그렇게 잔인한 짓을 할 수 있어요?"

"그렇지요. 선생님도 그런 행동을 하면 안 된다고 말했어요."

"4학년 여학생이 파 보라고 시켰다고 하는데, 그게 정말인가요?"

"옆 반 다른 아이가 파자고 했다는데, 4학년 누나가 시켰다는 얘기는 선생님도 못 들었어요. 오늘 아침 급하게 우리 반 아이하고만 이야기하고 오느라 잘 모르겠네요."

제자를 잘못 둔 덕에 2학년 선생님이 4학년 아이들에게 괜한 청문회를 당하고 있었다.

"그냥 파 보기만 한 게 아니에요. 꺼내서 토막을 내고 다시 묻었어요. 호기심이라고 하기에는 너무 잔인한 행동이에요."

"본인 말로는 완전히 파지도 않았다고 했어요."

2학년 선생님의 대답에 아이들이 웅성거렸다. 자기들이 알고 있는 진실과 다른 답에 흥분하는 아이들을 보고 2학년 선생님이 다시 말했다.

"다른 반 아이하고는 이야기를 못해 본 상태라 정확하게 답을 못 주겠네요. 먼저 선생님이 친구들을 대신해서 사과할게요. 그리고 이런 일이 없도록 잘 말할게요. 이 일로 동생들을 미워하지 않았으면 좋겠어요. 여러분이 질문한 것은 다시 잘 알아보고 이야기해 줄게요."

2학년 선생님이 정중하게 부탁을 하고 교실을 나갔고, 다시 김 선생님이 다모임을 진행했다.

"2학년이 한 행동에 대해 화가 나고 어떻게 된 건지 밝히는 것도 중요하지만, 지금 우리 4학년에게 더 필요한 것은 우리의 아픈 마음을 서로 나누는 것이라고 생각해요. 가족 중 누가 돌아가시면 모여서 위로하는 가운데 슬픔을 견디는 힘을 얻는 것처럼, 우리도 죽은 미니에 대한 추억을 나누고, 여러분의 아픈 마음도 표현하며 서로 위로해 보는 시간을 가져 보아요."

평소 다모임 때도 가장 열심히 발표하는 우리 반 상은이가 역시 오늘도 가장 먼저 손을 번쩍 들었다.

"미니는 우리가 직접 부화시키고, 아기 때부터 먹이를 주며 키워서 정이 많이 들었는데 갑자기 죽어서 너무 슬퍼요."

이어서 누구보다 열심히 메추리들을 돌보았던 하일이가 말했다.

"학교에서는 진짜 슬펐는데 생명은 누구나 죽는다는 선생님 말씀처럼 미니도 죽은 거라고 생각을 했어요. 그래서 집에 가서는 마음이 가라앉고 괜찮았는데 오늘 학교에 와서 2학년이 그런 짓을 했다는 이야기를 들으니 다시 화가 나고 슬픈 마음이 올라왔어요."

평소 똑소리 나게 발표를 잘하는 우리 반 수현이가 다른 학교로 전근 가신 선생님을 떠올렸다.

"메추리가 죽으니까 작년에 여름 방학에도 학교에 나오셔서 힘들게 메추리를 돌보셨던 저희 담임 선생님 생각이 많이 나요. 그냥 죽은 게 아니고 토막이 난 채 죽어서 너무 마음이 안 좋고요."

"이제 미니는 죽었지만 남은 솜털이를 돌보는 과제가 남았어요. 우리가 학교에 안 오는 방학 동안 어떻게 돌볼지 의논해 봅시다."

김 선생님이 말을 마치자, 자기들끼리 미리 이야기가 되었던지 여섯 명의 아이들이 선뜻 나섰다.

다음 날부터 여름 방학이 시작되는 닷새 동안 아이들은 2학년 아이들이 무엇을 했는지 더 추궁하지 않았다. 아이들은 혼자 남은 '솜털이'를 더 자주 보러 가고 날마다 미니의 무덤 주변을 꽃과 나뭇잎, 작은 돌들로 예쁘게 꾸며 주었다. 교실에서 해야 하는 활동도 잊은 채 무덤 앞에 멍하니 앉아 있곤 하는 아이들을 선생님들도 가만히 지켜봐 주었다.

방학이 시작되었다. 역사에 남을 만큼 뜨거웠던 2019년 여름, 아이들은 하루도 빠지지 않고 사육장을 찾아와 청소를 하고 먹이와 물을 주었다. 자기들은 몰랐겠지만 슬픔을 슬픔으로만 끝내지 않고 책임감 있게 생명을 돌보는 모습은 아이들이 선생님들에게 준 큰 선물이었다.

교육 전문가들은 배움이 잘 이루어지려면 학교 구성원 간에 사이가 좋아야 한다고 말한다. 사이가 좋으려면 하나가 되는 순간이 많아야 한다. 학교에 있었던 모든 순간마다 아이들과 교사들이 하나가 되었다고 할 수는 없다. 다만 우리 학교 교사들은 아이들에게 온전히 눈길을 두었고, 아이들 하나하나를 주인공으로 대하려고 애썼다. 교사라면 당연히 그렇게 할 거라고 생각하기 쉽지만 학교 현실은 그렇지 못하다. 적어도 이전에 내가 경험한 학교에서는 그랬다. 다행복학교가 무엇이 다르냐고 묻는다면 교사로서 아이들에게 온전히 눈길을 줄 수 있다는 점이라고 말할 것이다. 나는 동료들의 눈길에서 평가나 실적에 매달리지 않아도 된다는 안전함을 느꼈고, 그러자 아이들을 보는 눈길도 달라졌다. 아이들은 또 그걸 알아차렸고, 서서히 아이 본연의 모습이 살아났다. 물론 아이들을 온전히 이해하지 못해 화를 내기도 하고, 그런 내 모습에 실망한 시간도 많았다. 그렇지만 그런 때에도 내 옆에는 따뜻한 눈길을 주는 고마운 동료들이 있었다. 다행복학교의 교사로서 그런 눈길을 받고 아이들에게 나누어 줄 수 있어서 행복했다.

4

이 땅이 모두 학교

개인주의 교사의 다행복 유치원 발령기

김혜령

선생님! 옆 반에서 배워 올게요

"4번은 개인주의야."

어느 웹 예능 프로그램에서 유행했던 말이다. 내 본래 성격은 '4번'이었다. 의존하는 것을 싫어하고 독립적으로 움직였다. 다행복학교에 오기 전까지는 그랬다. 우연인지 필연인지 교직 첫해에 발령받은 곳은 다행복학교였다. 사회생활이 처음이라 뭘 어떻게 해야 할지 잘 모르겠고, 유치원은 아주 잘 돌아가고 있는데 괜히 내가 들어와서 걸림돌이 되는 건 아닐까 걱정됐다. 그래서인지 내가 처리해야 할 일이 생기면 공포에 떨었다.

"저기 부장님, 죄송한데 뭐 여쭈어 봐도 될까요?"

"원감님, 이거 한번 검토해 주실 수 있으세요? 그 포스트잇도 한 번 읽어 주세요."

매번 자꾸 틀려서 번거로우시죠?
잘하려고 하는데 만날 피해만 끼치네요.
일을 못해서 죄송해요. 열심히 하겠습니다. ㅠㅠ

"하하, 처음부터 잘하면 그게 더 이상한 건데 뭐가 그리 죄송해요?"

서툰 업무에 대한 죄송함을 표현하려고 붙여 둔 포스트잇을 보고, 내 죄책감을 덜어 주려고 원감 선생님이 말씀하셨다. 남한테 피해 안 주고 내 일만 조용히 하는 게 내 성격이자 목표였는데 이렇게나 어려울 줄이야.

이런 내가 개인주의를 뒤로하고 소통의 소중함을 깨닫기 시작한 것은 전문적 학습 공동체 시간부터였다. 발령 첫해, 전문적 학습 공동체 시간에 『교사, 삶에서 나를 만나다』라는 책을 읽고, 교사이기 전 한 사람으로서의 '나'를 돌아보고 함께 나누는 시간을 가졌다.

"저는 우리 반 아이들이 박 부장님 반이었으면 얼마나 좋았을까 하는 생각을 많이 했어요. 제가 너무 부족하니까 저도 모르게 비교하게 되더라고요."

"나는 자기가 초임인데도 아주 잘한다고 생각했어. 그런 생각 안 해도 돼."

직장이라는 딱딱한 공간에서 서로를 위로하고 보듬어 주는 시간을 가진다는 게 의아했지만, 내 이야기를 편히 나눌 수 있어서 참 좋았다. 내 고민은 물론 다른 선생님들의 가슴 먹먹한 사연을 듣고 함께 눈물을 흘리느라 전문적 학습 공동체 시간에는 매번 휴지가 준비되어야 할 정도였다. 그러는 동안 마음의 벽이 사라지고, 선생님들이 직장에서 만나는 수직적 관계가 아닌, 마음을 나누는 인생 선배이자 진정한 공동체로 느껴지기 시작했다.

신기하게도 내가 느꼈던 감정이 우리 아이들에게도 그대로 전달되었던 것 같다. 우리 유치원에서는 아이들끼리 자연스럽게 어울리는 기회를 주기 위해, 연령 간, 교실 간 벽을 없애고 교실을 여는 시간을 가졌다. 이는 아이들의 일상에도 많은 변화를 주었다.

오전 자유 놀이 시간이었다.

"선생님, 양말목으로 꽃 어떻게 만들어요?"

"어, 선생님이 여기까지는 알겠는데, 이 뒤부터 어떻게 하더라."

"풀잎반 세운이가 잘 아는데 가서 물어보고 올까요?"

꼬마 선생님으로 초청받아 온 세운이가 열심히 양말목을 이리저리 묶어 보다가 멈칫했다.

"아, 까먹었다."

"그럼 햇빛반 선생님한테 물어보고 올까요?"

아이들은 곤란해하지 않고 자연스럽게 우르르 다른 반으로 가서 놀이를 전수받아 왔다.

모르는 게 있을 때뿐만 아니라 재미있는 놀이를 발견했을 때도 아이들은 주저하지 않고 다른 반으로 가서 나누었다. 이렇게 다른 반의 놀이가 우리 반에 전파되기도 했고, 우리 반의 놀이가 다른 반으로 퍼지기도 하는 등 소통은 일상이 되었다.

사실 처음에는 교사인 내가 모른다고 인정하고 다른 반에서 배우게 하는 것, 다른 반에서 더 재미있는 놀이를 배워 오는 것이 참 부끄러웠다. 교사를 우습게 보진 않을까 걱정도 들었고, 더 재미있는 놀이를 이끌어 내지 못하는 내가 한심했다. 하지만 시간이 흐를수록 그런 생각이 내 욕심이었다는 것을 깨달았다. 말로는 '평등하고 민주적인 학급'을 표방하면서, 나도 모르게 아이들과 내 사이를 수직적인 관계로 생각하며 우습게 보이지 않을까 걱정했던 것이다.

이렇게 소통하고 화합하는 과정을 통해 아이들은 공동의 약속을 정하며 서로를 배려하게 되었다. 그리고 자연스럽게 그게 우리 유치원만의 문화가 되었다. 나도, 그리고 아이들도, 다른 선생님들도 서로 함께 나누고 소통하며 하나가 되어 간 것이다.

분명 나는 혼자를 즐기는 사람이었던 것 같은데, 그해를 돌아보면 참 함께하는 걸 좋아하는 사람이었구나 하는 생각이 든다. 하루라도 교실에서 있었던 일을 공유하지 않으면 입이 근질근질할 정도였으니 말이다.

어깨동무하고 함께 가자

교사가 되기 전에 '교육'은 교사의 힘(능력)에 의해 좌우된다고 생각했다. 일단 교사가 되는 것이 먼저였기에, 다른 교육 주체에 대해 생각할 겨를도 의지도 없었다. 하지만 막상 유치원에 발령받고 나니 아이들의 성장에 가장 큰 영향을 끼치는 것은 교육 공동체의 힘이라는 것을 알게 되었다. 마냥 어리고 귀여울 것만 같은 아이들, 그런 아이들의 지지자이자 유치원의 지원자인 학부모를 통해 교육 공동체의 힘에 대해 진지하게 생각해 볼 수 있는 기회를 얻게 되었다.

첫 번째 기회는 아이들이 주었다. 밖에서 보기에는 아무것도 모르고 마냥 어린 것 같은 아이들이지만, 이 어린아이들에게도 분명 힘이 있었다. 놀이하면서 스스로 또는 교사의 지원으로 놀이를 무한히 확장해 나가기도 하고, 그 과정에서 유아들 간에 협의를 거치며 새로운 놀이를 만들기도 했다. 이미 아이들은 성장의 힘을 갖고 있었다.

바다반에서 입양해 온 사마귀에게 먹일 거미를 잡을 때의 일이다.

"사마귀는 거미를 먹는데, 거미는 뭐 먹고 살아요?"

"거미는 어떻게 처음 태어났어요?"

"우리 반에도 거미줄 치고 놀아요!"

단순한 궁금증은 거미줄 놀이로까지 순식간에 확장되면서, 우리 반에는 천장에서부터 양말목으로 짠 거대한 거미줄이 이어졌다. 거미줄 놀이에 잔뜩 몰입한 아이들의 입에서는 거미로 할 수 있는 다양한 다른 놀이들이 파생되기 시작했다.

"우리 거미 축제해요!"

"거미 축제는 뭐 하는 거야? 어떤 놀이를 하는 게 거미 축제일까?"

"거미 영화 보면서 과자 파티 하는 거요!"

"과자로 엄청 큰 거미를 만들어서 먹어요!"

"거미줄 미로를 만들어 노는 거요!"

아이들은 끝도 없이 나오는 아이디어로 우리 반을 거미 세상으로 만들었고, 다른 반을 초대하여 과자 파티를 하며 유치원 전체의 축제로 만들었다. 아이들의 요구를 들어주면서도 단순한 놀이 시간으로 끝나면 어쩌나 하고 걱정했다. 그러나 걱정은 아이들이 거미 축제를 준비하는 과정에서 일어났던 문제점에 대해 토의하는 과정을 보고 사그라들었다. 아이들은 당면한 문제를 해결하기 위해 공동의 규칙을 만들어 가고, 축제를 평가하며 능동적인 주체로 스스로 성장하고 있었다. 이 놀이 시간은 내가 억지로 이끌어 갔던 수많은 활동보다 더 의미 있는 시간이었다.

두 번째 기회는 학부모가 주었다. 학부모님들은 아이들이 유치원에 오는 것을 즐거워하는 것에 안도하였지만, 동반자이기보다는 지지자의 모습을 보이는 듯하였다. 그래서 유치원에서는 학부모들이 교육 공동체로서 조금 더 주체적인 의견을 내게 하기 위해 노력했다. 학기 초와 말에 다모임을 열고, 학부모와 교사가 교육 철학을 공유하고, 유아상을 정하고, 아이들이 성장하는 이야기를 나누기로 했다.

다모임은 시험을 보는 것처럼 떨렸고, 혹시나 실수하지 않을까, 학부모님들이 나를 교사로서 어떻게 생각할까 두려웠다.

"앞으로 학부모님들과 제가 같은 방향으로 노를 젓기 위해서는 아이들을 어떻게 바라볼지가 중요한 것 같아요. 그래서 오늘은 유아상을 함께 정해 보는 시간을 갖고자 합니다."

각자 생각하는 아이들의 모습을 적은 포스트잇에는 지난 몇 년간 아이를 키워 온 부모님들의 애틋함과 고민, 기대가 담겨 있었다.

"저는 배려할 수 있는 아이였으면 좋겠어요."

"다른 것도 중요하지만, 가장 중요한 건 건강인 것 같아요."

"아이가 다양한 생각을 하면서 창의적으로 자라면 좋겠어요."

스물여덟 명의 학부모님과 마주했던 첫 다모임은 생각을 모아 하나의 유아상을 정하며 마무리되었다. 그 과정에서 아이를 생각하는 부모님의 마음 하나하나에 말로 표현할 수 없는 애틋함이 느껴졌다.

그리고 다모임이 끝난 뒤 들린 한마디.

"괜찮네!"

나는 이 말이 3년이 지난 지금도 잊히지 않는다. 갓 교사가 된 얼굴을 하고 나타난 사람이 우리 아이의 담임이라고 소개했을 때, 과연 누군들 신뢰할 수 있었겠는가. 내가 학부모였어도 그랬을 것 같다. 하지만 다모임이 신뢰의 실마리를 만들어 주었다. 함께 목표를 세우고 이야기한 시간 덕분에 서로에 대한 신뢰의 씨앗이 생기게 되었다.

무사히 신뢰의 씨앗을 만들었지만 싹을 틔워야 했다. 수시로 유치원의 이야기를 전하고, 가정에서 아이들이 말하는 유치원의 이야기를 전달받았다. 신뢰가 싹을 틔웠는지 이후 학부모님들이 씨앗 동아리와 자원봉사 활동을 통해 유치원 교육과정을 지원해 주셨고, 교사들만으로는 손이 부족할 수 있는 숲·마을 나들이에 동반자가 되어 주셨다. 따로 강사를 초청했던 다문화 교육 대신 다문화 부모님들이 오셔서 여러 문화, 음식을 체험해 볼 수 있게 해 주셨다. 교육 공동체로서의 학부모님의 위대한 힘을 느끼는 시간이었다.

학부모님의 다양한 의견을 하나로 모으고 반영하기는 여전히 쉽지 않다. 하지만 학부모님과 아이들 이야기, 다행복 유치원 이야기를 나누다 보면, 서로 어깨동무하고 나아가고 있다는 생각이 든다.

유치원 밖은 마을 유치원

아이들과 학부모님 말고도 우리 유치원의 중요한 교육 공동체가 하나 더 있는데, 바로 마을이다. 한 아이를 키우려면 온 마을이 필요하다는 아프리카 속담처럼, 아이의 성장을 위해 지역 사회의 역할이 매우 중요하다. 그중 시장은 아이들의 일상과 맞닿아 있는, 유치원 밖의 또 다른 유치원이다.

여러 번 시장 나들이를 다녀오고 나서 아이들이 직접 물건을 살 수도 있지 않을까 하는 이야기가 나왔다. 그리하여 시작된 '도전! 장보기' 현장. 아이들이 돈과 심부름 목록, 장바구니를 들고 시장으로 출발했다. 심부름 목록을 보며 사야 할 것을 찾는 아이들로 시장은 왁자지껄했다.

"여기 오이 하나 주세요."

"사과 한 개 주세요."

아이들의 다채로운 주문에 시장 사장님들이 고민에 빠지셨다.

"아유, 하나씩은 안 파는데. 그래도 우리 손님들한테는 줘야지. 단골인데."

귀여움 덕인지, 그동안 시장을 다니며 여기저기 얼굴 도장을 찍어서인지 상인 분들이 아이들의 시장 나들이에 흔쾌히 한 역할을 맡아 주셨다. 상인들의 배려 덕에 아이들은 의기소침해지지 않았고, 부모님께 어깨너머로 배운 장보기 팁을 선보이며 무사히 물건을 살 수 있었다.

연말에는 시장 상인분들에게 선물로 드릴 강정을 직접 만들었다. 서점, 도서원 선생님들, 문방구 아주머니. 고마움을 돌려 드릴 분들이 많았다.

사실 많은 아이들을 데리고 유치원 밖으로 나가는 건 정말 힘든 일이었다. 위험 요소나 돌발 상황이 너무 많아, 비가 와서 나들이가 취소되면 얼마나 기뻤는지 모른다. 그렇지만 아이들을 우물 안 개구리로 만들 수는 없기에 억지로라도 밖으로 나갔다. 지금이야 오토바이 온다고 함께 주의를 주시는 마을 분들의 배려 덕분에 유치원 밖을 또 다른 유치원으로 느낄 만큼 편안해졌다. 마을은 아이들의 마음과 시각을 넓히는 다채로운 그림책이었다.

병아리 교사, 닭이 되다

배우면서 시작해 배우면서 끝난 다행복 유치원에서의 시간이 어느덧 2년이 지났다. 다행복 3년 차, 전보 시기가 끝나자 60퍼센트 가까운 구성원이 변동되었고, 자연스럽게 가장 오랜 기간 다행복을 경험한 내가 리더 교사가 되었다.

"진짜 다 가시는 거예요? 저희는 어떡해요, 그럼."

"이제 선생님이 우리 유치원의 기둥이야."

"저는 할 수 있는 게 없는데요."

리더 교사가 되고 느낀 감정은 뿌듯함과는 아주 거리가 먼 허전함이었다. 아직 의지하고 싶은 마음이 더 큰데, 든든한 리더 선생님께 하나하나 배워 나가는 기쁨으로 지냈는데, 기존 다행복을 마무리 짓고 새로 재지정을 받으려면 준비할 게 정말 많을 텐데 내가 그 중심에 서 있다니, 이 얼마나 충격적인 소식인가!

다행복 철학에 대해 그간 선배 선생님들, 관리자분들을 통해 배우기만 했지, 누군가에게 다행복 철학을 이해하도록 도와준다는 것은 꿈에도 생각하지 못했던 일이었다. 그러면서도 이제는 정말 내가 주체가 되어야겠다는 각오가 생겼다. 작년까지는 기존의 철학을 잘 따라가면 된다는 단순한 생각으로 살았다면, 올해부터는 내가 다행복 철학을 잘 이해하고, 새로운 구성원들이 이해할 수 있도록 도와야 한다는 것이 가장 큰 목표가 되었다.

차근차근 옛 기억을 떠올려 다행복 철학의 방향을 잡아 나갔다. 새로운 구성원들과 함께 유치원상을 정하기도 하고, 목표를 잡아 나가는 과정에서 예전보다 더 주체적으로 목소리를 냈다. 하지만 예상치 못한 장애물이 있었다. 코로나19로 인해 교사들이 다 함께 모이는 자리를 갖기 힘들어진 것이다. 리더 교사인 나는 내가 무언가 잘못한 것만 같아서 한동안 죄책감에 시달렸고, 그저 이 자리를 떠나고만 싶었다.

"우리 모여야 되는데, 언제 모일 수 있을까요? 다모임을 한 번도 진행하지 못했어요."

"거리 두기를 해야 하고 원격 수업도 진행해야 해서 다들 바쁜 것 같아요."

작년까지는 다모임 횟수가 정례화되어 있어서 일 처리에 큰 문제가 없었지만, 올해와 같이 만날 수 없는 상황을 마주하니 부족한 점만 눈에 띄었다. 의아하게도 '소통의 결여' 속에서 '소통의 필요'를 절실하게 느끼게 되었다.

정부 지침이 허락하는 범위에서 다모임을 결성하고, 대신 모이는 시간, 헤어지는 시간을 칼같이 지키기로 했다. 이렇게 규칙을 정하고 다모임을 해 나가면서 느끼는 문제점에 대해서도 수시로 수정하였다. 이러한 과정을 통해 '소통의 필요성'뿐만 아니라 '진정한 소통'을 위한 방법과 그 의미까지 되새길 수 있었다.

사실 나는 리더 교사이기 이전에 내 앞가림부터 해야 하는 저경력 병아리 교사였다. 그래서 처음에는 흡사 장군처럼 맨 앞에 서서 모두를 한 방향으로 끌고 가야 하는 리더 교사라는 직책에 막중한 부담감을 느꼈다. 그러나 시간이 흐르며 리더 교사는 맨 앞에 있기보다 낙오자 없이 천천히 나아갈 수 있도록 뒤에서 토닥여주는 존재라는 생각이 들었다. 사람과 함께하는 '다행복', 사람이 중심인 '다행복'이라는 철학에 부합되게 말이다. 운이 좋게도 나는 교사로서의 첫 시작을 다행복 유치원에서 출발했다. 앞으로 그 자리가 어디든 나는 다행복 철학을 가진 교사, 다행복 철학을 가진 인간으로 살고 싶다.

떠오른 얼굴들

백점단

'다행복'이라는 말을 조용히 읊조려 본다. 마치 주문처럼 애틋한 얼굴들이 떠오른다. 교사 다모임에서 함께 고민하고 용기 있게 자신을 드러내 준 선생님들, 몰입하는 배움이 관계 맺기임을 알고 기특하게 성장하던 주호, 마을 아이들 일이라면 없는 시간조차 기꺼이 쪼개어 연정 분식집에 모였던 별밤 캠프 아빠들, 용마름으로 우리 전통을 가르쳐 주신 보경이 할아버지, 그리고 사랑하는 일을 게을리하지 않도록 나에게 먼저 다가와 준 아이들. 부산다행복학교에서 6년간은 교육과 학생에 대한 나의 관점을 완전히 바꾸어 놓았다.

저도 그래요

수요일 3시 30분. 영어실 문을 열자 음악이 흘러나왔다.

"어머, 뷔페식당인 것 같아요."

"와, 예뻐요!"

"언제 이렇게 준비하셨어요?"

사람들마다 한마디씩 하며 영어실에 들어섰다. 교실 뒤편에 누군가 책상 네 개를 붙이고, 예쁜 식탁보를 깔아 놓았다. 그 위에는 김밥, 귤, 비스킷, 초콜릿, 사탕, 음료수, 차가 가지런히 놓여 있었다. 마치 분위기 좋은 식당 같았다. 나는 허겁지겁 김밥과 초콜릿을 먹고 커피까지 마시고 나니, 반쯤 감긴 눈이 떠지고 그제서야 다른 모둠을 돌아볼 여유가 생겼다. 저마다 이야기꽃을 피우는 중이었다.

그날 다모임 주제는 '나에게 3월은'이었다.

"저에게 3월은 '언제 가나?'였습니다. 일이 너무 많았고, 마무리는커녕 계속 쌓이기만 했으니까요."

"그 맘 알지."

권 선생님이 말문을 열자, 문 선생님은 연신 고개를 끄덕이며 대꾸했다.

부산다행복학교가 어떤 학교인지 모르고 발령을 받은 김 선생님이 말했다.

"처음에 다모임, 다모임 하는데, 차 마시는 모임인가 했어요. 자

세하게 알려 주는 사람도 없고. 솔직히 용어조차 알 수 없는 다행
복 문맹기였습니다."

"미로처럼 답답했으나 출구가 가까워져 가고 있는 것 같습니다.
매뉴얼에 익숙한 제가 부산다행복학교라는 새로운 교육 환경에
서 무엇을 어떻게 해야 할지 아직은 확신이 서질 않습니다. 서두
르지 말고 조금씩 알아 가 보려 합니다."

이 선생님의 용기 있는 고백에 나는 울컥했다.

"저만 그런 줄 알았는데, 알고 보니 다들 바쁘고 정신없었네요."

교무 선생님이 마지막으로 소감을 나누자 우리는 조금 가까워
진 것 같았다.

3월 한 달, 앞만 보고 달려온 나는 4월이 되자 감기에 걸려 목소
리가 나오지 않았다. 교직 생활 20년 만에 처음 있는 일이었다. 학
급 운영만큼은 잘하는 교사라 자부하고 살았는데 그렇지도 않았
나 보다. 학부모들과 소통의 공간으로 삼았던 주간 학습 안내조차
도 여간 신경 쓰이는 게 아니었다. 한 주는 어찌나 빨리 다가오는
지, 늦은 시간까지 고민이 길어지고 있었다. 맡은 업무를 잘 처리
한다고 평가받았는데 업무 파악도 제대로 안 되었다. 혁신학교에
서는 업무를 얼마만큼 담당해야 하는지 감조차 안 잡혔다. 선생님
들과 거리낌 없이 잘 지낸다 여겼는데, 가장 믿었던 동료와도 사
소한 일로 관계마저 소원해졌다.

초창기 혁신학교살이는 실수와 시행착오의 연속이었다. 학교는 어떠해야 하는지, 학생은 어떻게 성장해야 하는지, 교사는 어떤 존재여야 하는지 끊임없이 되묻는 시간이었다. 이런 상태로 나는 어느 누구와도 속 시원하게 이야기를 털어놓지 못했다.

혁신학교 3년째 되던 해 교직원 다모임을 마치면서 박 선생님이 말했다.

"혁신학교는 게임 같아요. 하면 할수록 레벨이 올라가요. 무얼 해야 할지 막막하고 머릿속이 하얘지던 제가 요즘은 선생님들과 차 한 잔 마시며 웃는 여유까지 생겼어요. 좀 발전했죠?"

"맞아요, 저도 그래요."

동료들의 솔직한 고백과 공감에 힘입어 닫혀 있었던 나의 마음이 서서히 열렸다.

주호를 발견하다

주호를 처음 만난 건 주호가 2학년 때인 2015년이었다. 당시 1학년 담임이었던 나는 1, 2학년군 활동으로 주호를 알고 있었다. 그 후 몇 차례 만나긴 했지만 주호는 특별히 눈에 띄는 아이는 아니었다. 주호를 달리 보게 된 건 주호가 6학년일 때였다.

2019년 가을, '이해와 소통을 위한 공감의 자리'라는 이름으로 학교 교육 목표를 돌아보는 모임이 있었다. 내가 속한 모둠의 참가자는 교사 두 명, 학부모 네 명, 돌봄 전담사 한 명, 학생 한 명이었다. 그 학생이 주호였다. 학생이 한 명뿐이라 어른들 사이에서 주눅 들만도 한데, 담담하게 보였다. 나는 그런 주호가 기특해서 이 말 저 말을 건네며 유심히 살폈다.

'몰입하는 배움은 어떤 것일까'에 대해 각 참가자들은 의미가 담긴 이야기를 이어 갔다. 나 또한 배움이 즐거워야 몰입할 수 있다고 평소 생각을 말했다.

주호 차례가 되었다.

"저는 관계라고 생각합니다."

모두가 '왜?'라는 표정으로 주호를 바라보았다.

"그게 무슨 말이지요?"

"친구와 사이가 좋아야 공부가 잘됩니다. 같은 반 친구끼리 자주 싸우면 교실 분위기가 엉망이 되어 공부에 집중할 수 없습니다. 그래서 저희 반에서는 친구 사이에 해도 되는 말과 해서는 안 되는 말을 구분하고 있습니다."

관계, 몰입하는 배움이 관계라는 주호의 말에 나는 정신이 번쩍 들었다.

'함께하는 어울림, 따뜻한 돌봄, 몰입하는 배움이 아이들 마음에도 자리 잡았구나.'

나는 우리 학교 교육이 제대로 되어 가는 것 같아 다소 흥분했다.

그 후 주호의 모습은 여러 곳에서 포착되었다. 학생 다모임 두레장으로서 두레원들과 회의를 진행하는 모습, 두레 밥상이 있는 날이면 식당 앞에서 후배들을 기다리던 모습, 학교와 마을이 함께 하는 예술꽃 축제에서 사회를 보는 모습. 주호는 부산다행복학교의 아이로 성장해 가고 있었다.

오랜만에 주호 생각이 나서 어머니께 전화를 했다. 주호는 잘 지내는지, 초등학교 6학년 때 모습이 일시적인 현상은 아니었는지 알고 싶었다. 어머니는 '주호가 참 잘 자라고 있다'며 중학교 선생님으로부터 칭찬받은 이야기를 전했다.

아이들이 어떻게 자라는가를 생각하면, 아침 등굣길에 나에게 다가와 폭 안기던 주호 얼굴이 떠오른다.

모든 아빠가 모두의 아빠다

그날따라 비가 억수로 왔다.

"선생님, 오늘 학교 아빠들 모임 있는데 참석하실 수 있겠습니까?"

"네, 갈 수 있습니다. 몇 시에 합니까?"

"저녁 7시, 연정 분식입니다."

교장이 되고 이틀째 되는 날이었고, 비가 참 많이도 왔다. 저녁 8시를 넘기자 분식점에는 서른 명 넘는 아빠들이 모였다.

'이 사람들 뭐지? 이렇게 비가 많이 오는 날, 이 늦은 시간에!'

신기하기도 했지만 오는 사람들과 인사를 주고받느라 정신이 없었다.

"지금부터 별밤 캠프 평가를 하도록 하겠습니다."

별밤 캠프는 여름 방학이 끝나 가는 주말에 아빠들이 아이들과 같이 밥해 먹고 물놀이, 미션 활동, 캠프파이어를 하면서 학교에서 하룻밤을 보내는 활동이다. 아빠들은 이날을 위해 몇 달에 걸친 기획 회의를 했다고 들었다.

"학생 모둠장을 만날 수가 없었어요. 만날 시간 잡기가 더 힘들었어요. 아이들이 정말 바쁘더군요."

준이 아빠는 아이들을 만나기 위해 집, 학교를 몇 차례 오고 갈 수밖에 없었던 이야기를 했다.

"반찬 만드는 게 제 생각대로 안 되던데요. 애들이 잘 먹어 줘서 고마울 따름이지요."

환이 아빠의 고백에 모두가 웃음을 터트렸다.

"효민이는 저보다 요리를 더 잘해요. 집에서 매일 시키는 거 아니에요?"

"네, 요리사가 꿈이라고 집에서도 곧잘 해요."

아빠들은 자기 자녀뿐 아니라 아이들을 잘 알고 있었다. 막연히 집안끼리 친한가 보다 했는데, 아이 한 명 한 명을 세심하게 관찰하고 살피는 모습이 아이를 다 함께 키우고 있는 것 같았다.

"내년에 어떤 놀이를 할지 고민입니다. 평소에 아이들과 놀면서 잘 관찰해 봐야겠어요."

아빠들은 벌써 내년 계획을 세우고 있었다.

밤늦게까지 이어진 평가회에서는 별밤 캠프 운영의 크고 작은 부분까지 거의 모든 의견을 주고받았다. 비가 억수로 쏟아졌는데도, 두 아빠가 버스 정류장까지 나를 배웅해 주셨다. 참 따뜻했다.

'사람과 함께한다는 건 이런 거구나.'

나도 이 부모들에게 든든한 울타리가 되어 주고 싶은데 늘 도움만 받는다. 부모들은 단순히 교육 활동을 돕는 사람이 아니다. 그들도 교육의 주체로서 아이들을 함께 키우기 위해 수없이 논의하고 고민한다. 이런 열정으로 어울림 공동체는 지금도 계속되고 있다.

며칠 뒤, 우현이 할머니를 길에서 만났다. 인사로 우현이가 별밤 캠프에 참여했는지 물었다.

"처음에 아빠 못 간다고 안 가고 있었어요. 그런데 경훈이 아빠가 와서 데려갔어요. 그렇게 가라 가라 해도 안 간다더니 경훈이 아빠가 가자니 얼른 따라나섰어요. 정말 이 동네 아빠들 대단합니다."

별밤 캠프는 아빠와 아이 두 사람만의 짝 활동이 아니다. 서른 명 정도의 아빠들이 백 명 가까운 아이들과 함께하는 단체 활동이다. 아빠 한 명당 서너 명의 아이들을 돌봐야 한다. 그러다 보니 부모의 사정으로 참여할 수 없는 아이들까지 챙겨야 한다. 모든 아빠가 모두의 아빠였다.

용마름 할아버지

"통장님, 마을 어르신 중에 우리 아이들 가르쳐 주실 분을 추천 좀 해 주세요."

여름 계절 학교 손끝 체험 활동 시기가 되어 잘 알고 지내는 통장님에게 전화를 했다. 한참 생각하시다가 전화번호 하나를 알려 주셨다.

"직접 연락 한번 해 보세요. 볏짚으로 뭘 만드는 데 기막히게 잘합니다."

"볏짚 말인가요?"

"선생님, 정월 대보름 때 안 보셨어요? 달집 앞에 달문 내잖아요. 그 달문 위에 올리는 지붕을 보경이 할아버지가 만듭니다."

"달문의 지붕?"

"용마름 말입니다."

정월 대보름이 되면 학교 운동장에서 마을 달집태우기 행사를 한다. 대나무와 생솔가지로 달집을 세우고, 달이 뜨는 맞은편에 달문을 낸다. 짚으로 달문 지붕을 만들어 올리는데 마치 늠름한 기와지붕 같다. 보통 초가집 지붕마루에 덮는 'ㅅ'자 모양의 이영을 용마름이라 한다. 그것을 우리 마을에서는 보경이 할아버지가 엮는다고 했다.

마을의 전통을 지켜 가는 어른이 계시고, 그분께 우리 아이들이 무언가를 배우면 얼마나 좋을까? 또 짚으로 뭔가를 만든다면 이

것이야말로 손끝 체험 아닌가 싶었다.

통장님과 전화를 끊고 넘겨받은 번호로 전화를 걸었다.

"할아버지! 우리 아이들의 선생님이 되어 주세요."

"네? 제가요? 못합니다."

보경이 할아버지는 단박에 거절하셨다.

"우리 아이들이 짚 가지고 놀게 해 주세요."

"요새 아이들이 짚 가지고 놀려 할까요? 그리고 한 번도 아이들을 가르쳐 본 적이 없어요."

"할아버지께서 용마름 만드시는 걸 보는 것만으로도 공부가 될 겁니다. 손주들과 같이 놀아 주신다 생각하시면 됩니다."

여러 번의 설득 끝에 승낙을 받았다.

"그럼 한번 해 보지요."

연세가 여든 정도 되셨다는데 젊은 사람 못지않게 또렷한 목소리였다.

그렇지만 정작 난관은 다른 곳에 있었다. 여름이라 짚을 구할 수 없었다. 강사를 어렵게 설득해 승낙은 얻었지만, 짚을 구하지 못해 활동을 접어야 하나 싶어 속이 탔다. 어떻게든 찾아보자는 심정으로 며칠 동안 인터넷을 검색했다. 마침 충청도에 우리 짚을 연구하는 단체가 있었다. 짚도 우리가 필요로 하는 양만큼 보내 줄 수 있다고 했다. 드디어 강좌가 개설되었고, 용마름 할아버지는 손끝 체험 활동 '마을에서 배워요'의 선생님이 되셨다.

손끝 체험이 열리기 전날 오후, 짚이 도착했다. 어찌할 바를 모르고 있다가, 강사 할아버지께 연락을 하니 한달음에 학교로 오셨다. 그리고 짚 상태를 살핀 뒤 이 정도면 됐다시며 능숙하게 운동장 가에 짚 더미를 세워 널어놓으셨다.

"새벽에 짚이 습기를 많이 머금습니다. 내일 새벽에 내가 짚을 걸 테니 선생님은 걱정 안 하셔도 됩니다."

참으로 든든하고 기대가 되었다.

다음 날 운동장 끝자락의 등나무 교실에 매트를 깔고 짚을 풀었다. 아이들은 신기한 눈빛으로 바라보기만 할 뿐 만지려 하지 않았다. 할아버지는 짚으로 순식간에 잠자리와 곤충 집을 만들어 보였다. 아이들 눈이 할아버지 손길에 딱 붙어 있었다. 그다음에는 짚 한 단을 옆에 두고 앉더니 새끼를 꼬기 시작했다. 새끼줄은 줄넘기 길이만큼 금방 길어졌다. 아이들이 할아버지 주위로 달려들었다.

"우리도 가르쳐 주세요."

주현이가 재촉을 했다.

"볏짚 두 가닥을 양 손바닥으로 비벼 꼬는데, 오른손을 바깥쪽으로, 왼손을 안쪽으로 끌어당겨 새끼를 만들어요. 먼저 짚 두 줄을 가지런히 챙겨서 여기 이 부분에 끼워서 손바닥으로 서너 번 돌려 비벼 주고, 또 이쪽에 끼워서 돌리며 비벼 주면 됩니다."

처음부터 잘될 리가 있나. 여기저기서 할아버지, 할아버지 하고 불러 댔다. 할아버지의 손이 가면 금방 길어지는 줄에 아이들은 "할아버지, 새끼 꼬기의 달인 같아요."라며 놀라워했다.

마지막에 할아버지가 용마름을 만들자 둘러선 아이들은 눈을 떼지 못했다. 각자가 꼰 새끼는 여러 겹 둥글게 감아 어깨에 메고, 용마름을 앞에 들고 사진을 찍었다.

5학년 영민이가 기특한 말을 했다.

"옛날 사람들은 참 고생스러웠겠어요."

"내년에 이 강좌 다시 만들 거예요? 그러면 나는 다시 할 거예요."

4학년 현율이가 소감을 말했다.

계절 학교를 마치고, 보경이 할아버지께 감사 인사차 전화를 드렸다. 보경이 할아버지는 당신에게도 재미있는 경험이었으며, 아이들을 가르쳤다는 것이 무엇보다 큰 보람이었다고 말씀하셨다. 그동안 역사, 문화, 향토, 지리에 관한 전문가들을 찾기 위해 참 많이 노력했다. 정작 마을 안에 훌륭한 선생님이 계시다는 것을 모르고 말이다. 학교가 있기 전부터 마을은 학교였으며, 주민 모두가 선생님이었다.

잘 왔다, 사랑한다

석민이는 교문 앞에서 빤히 보이는 빌라에 살고 있다. 교문 앞에 서 있으면 석민이가 집에서 나오는 것이 보인다. 어느 날 석민이는 이른 시간인데도 무거워 보이는 책가방을 메고 손에는 큰 가방까지 들고 학교로 오고 있었다. 손에 든 가방이 뭘까 궁금했다.

"그 가방에는 뭐가 들었어요?"

"축구화랑 무릎 보호대요."

"오늘 동아리 있는 날인가요?"

나는 짐작으로 물어보았다.

"아뇨, 점심시간에 친구들과 할 건데요."

운동을 좋아하는 석민이는 축구 할 준비를 단단히 하고 학교에 오고 있었다. 그러고 보니 몇몇 남학생이 이 아이와 비슷한 차림으로 등교했다. 마침 같은 학년 민석이가 지나가기에 물었다.

"너희 오늘 축구 하기로 했구나?"

"네, 어떻게 아셨어요?"

"응, 선생님은 다 알지."

아침맞이를 하면서 아이들과 이야기를 주고받았다. 말을 건네다 보면 아이들에 대해 몰랐던 사실을 발견하고 친해지기도 한다. 등교를 같이 하는 친구들, 형제, 자매, 남매인 아이들, 좋아하는 것이 같은 아이들, 그리고 아이들의 그날 아침의 기분까지 알게 되었다.

1학년 태희가 자기 힘에는 버거워 보이는 도시락 가방을 들고 힘겹게 교문으로 들어왔다.

"무슨 가방이에요?"

"토마토요. 친구들과 나누어 먹으려고요."

잠시 뒤 같은 반 시후가 교실로 바로 들어가지 않고 운동장 가장자리로 가는 것이 보였다.

"시후야, 태희가 토마토 가져왔어. 친구들과 나눠 먹을 거래."

"맛있겠다!"

시후는 교실 쪽으로 빠르게 뛰어갔다.

지나가던 주민들이 아침마다 나와서 아이들을 맞이하기가 힘들지 않냐고 묻곤 한다. 내가 아침맞이 하는 곳은 통학로가 다 보이는 삼거리다. 통학로를 걸어서 숨이 턱 막히는 지점에 다다르면 거기가 교문이다. 아침마다 이 고개를 올라오는 아이들을 볼 때마다 나는 학교가 어떠해야 할지 생각해 본다. 학교는 학생을 환대하는 곳이어야 한다. 부스스한 모습으로 나타난 아이도 친구와 선생님을 만나면 금방 생기 넘치는 얼굴로 돌아오는 것을 늘 목격한다. 보고 싶었던 얼굴들을 마주하는 순간 아이들은 즐거워한다. 학교에는 학생들이 오고 싶은 이유가 있어야 한다. 아이들이 학교에 오는 것을 즐거워한다면 그것만으로도 학교의 존재 이유는 다 설명된다. 그래서 매일 아침 나는 '잘 왔다. 사랑한다.'라고 안아 준다.

쉬는 시간, 점심시간, 집에 가는 시간이면 아이들이 교장실 문을 두드린다.

"교장샘, 우리랑 같이 놀아요."

교장실에는 보드게임을 비롯한 몇 가지 장난감이 있다. 탐색을 좋아하는 아이, 익숙한 것을 능숙하게 하고 싶은 아이, 놀이가 처음인 친구에게 차근차근 설명해 주는 아이, 배려하는 아이, 주도하는 아이가 눈에 들어온다. 3학년쯤 되면 놀잇감을 자기들 방식으로 변형해서 논다. 아이들을 보고 있으면 참 흐뭇하다.

올해로 부산다행복학교가 7년째 접어들었다. 더 해야 할 일이 많은데 코로나19에 의한 여러 제약들로 발목이 잡혔다. 이 장벽들을 어떻게 대처해야 하나 심란해질 때면 2학년 보경이가 건네준 상장을 떠올린다.

위 교장 선생님은 덥거나 추울 때에도 밖에서 우리를 반겨 주시고 우리가 교장실에 갔을 때 잘 놀아 주시기에 이 칭찬 상장을 드립니다.

답은 '마을살이'다!

정미화

내가 서 있는 자리, 다행복교육지구 장학사!

나는 부산다행복교육지구 담당 장학사다. 이전에는 부산다행복학교에서 3년 동안, 교사 자리에서 학생들과 해 보고 싶었던 교육활동을 맘껏 시도하면서 교육적 가능성을 확인했었다. 그때가 내게는 '교사 전성기' 경험이었다. 그 후 '학교문화혁신' 분야 '보직전형교육전문직원' 전형이라는 진일보한 인사 정책에 힘입어 이 자리에서 일하고 있다.

일시적으로 '지방직 공무원'으로 전직된 보직 장학사인 나의 임기는 최대 3년이다. 그래서 늦어도 1년 후에는 '딱 내 자리'라고 여기는 교사로 돌아갈 수 있다. 마을과 학교를 잇는 가교 역할이 요구되는 이 다행복교육지구 담당 장학사라는 자리에서 난 학교라는 울타리를 넘어 더 넓은 범위에서 교육을 바라보고 사고하고 실행해 볼 수 있는 귀한 시간을 보내고 있다.

다행복교육지구 담당자로 일한 지 3년, 나는 이 자리에서 무엇을 경험하고 있는 걸까? 애초 기대했던 대로 더 넓은 범주에서 교육을 사유하고 현장에서 실행하면서 나를 확장하고 있는 걸까? 이 자리에서의 경험은 내 인생에 어떻게 의미화되면서 통합되고 있는 걸까?

내게 마흔이라는 나이는 쉽지 않은 고개였다. 인생이 헝클어진 실타래가 된 것 같고, 질척거리는 땅을 겨우겨우 딛고 걸어가는 느낌이었다. 나의 이해와 정리 수준을 넘어선 듯한 상황을 맞이하여 그저 '도와 주세요!'를 기도로 갈구했었다. 생각해 보면 내게는 10년을 주기로 인생이 바닥을 치는 듯한 시간이 온 것 같다. 그런데 마흔 고개는 내게 특별한 앎을 선사했다.

'내가 마주한 모든 상황은 나의 필요 때문이다. 그 상황은 내가 뭔가를 배우기 위하여 스스로 불러들인 것이다.'

그 후 난 이물감을 주는, 그래서 뭔가 불편하게 느껴지는 크고 작은 상황을 마주하면 '이 상황은 또 무엇을 배우라고 온 거지?'라는 질문을 의도적으로 던졌다. 그리고 과한 감정으로 반응하기보다는 그 상황을 오롯이 '경험'하면서 인생의 퍼즐을 맞추려고 했다.

지금 내가 잠시 입고 있는 옷 같은 다행복교육지구 담당 장학사라는 자리 역시 뭔가를 특별히 배우기 위하여 스스로 인생에 초대한 상황일 터, 나는 지금 무엇을 새롭게 알고, 느끼면서 어떤 나를 만들고 있는 걸까?

하나. 겸손

정체성을 고민하기에는 좀 늦은 듯한 30대 초반, '내가 이 생에 난 이유는 뭘까?', '후세대 교육은 나와 직접적으로 관련되는 일도 아닌데 왜 교직을 택했을까?', '내가 정말 하고 싶은 건 뭘까?', '무엇으로 살아야 살아 있다는 온전한 느낌을 가질 수 있을까?' 등의 근원적인 질문들이 쏟아졌다. 돌이켜 보면 80년대를 관통하면서 형성한 뾰족한 비판 의식이 대학원 공부 과정에서 조명을 받다가 어느 순간 조명이 꺼져 있음을 느끼면서 생긴 혼란이었다. 어쨌든 이 질문들과 혼란을 혼자 감당할 수 없었던 나는 집단 상담과 명상 프로그램들에 참여하였고, 꿈 분석을 통한 개인 상담을 받으며 답을 찾으려고 했다.

이즈음 알게 된 위빳사나 명상은 나 자신을 이해하는 데 많은 도움을 주었다. 내가 참가한 고엥까 위빳사나는 10박 11일간의 묵언 명상 코스인데, 자기 관찰을 통해 자신을 바꾸는 방법으로 소개되기도 한다. 특히 코스 마지막 날 아침의 자비 명상은 나를 '나'로 살지 못하게 억눌러 온 어떤 것이 녹아나는 경험이었다. "용서합니다. 다른 사람이 내게 알고 지은 죄, 모르고 지은 죄를 용서합니다."라는 대목에서 아버지를 떠올렸다. 많이 울었다. 용서하기 싫었지만 내가 알면서 또 모르면서 죄를 지어 온 것처럼 아버지도 그러했을 거였기에…….

이런 시간들을 보내면서 난 어렴풋이 내가 이 세상에 나올 때부터 두려움을 많이 갖고 있었음을 알았다. 보호받지 못하고 있다고 느끼는 세상으로부터 나를 지키기 위해 점점 더 두터운 갑옷을 입어 왔고, 그 결과 자신을 방어하는 것이 습관이 되어 있음도 깨달았다. 그런데 이제는 그 갑옷이 다른 사람들은 물론 나 자신의 자유로움까지도 제약하고 있었다. 두려움을 감추기 위하여 마음에 입은 갑옷, 낮은 자존감을 덮기 위해 사회적으로 입은 옷들이 보였다. 그때부터였던 것 같다. 막연하지만 '내가 겸손을 배우는 시간을 보내고 있구나!'라고 느꼈던 때가.

입었던 갑옷을 벗으며, 불화해 왔던 세상과 화해하고 조화할 필요를 느끼면서 내 이름도 미화(美化)에서 미화(美和)로 바꾸었다. 경험할 수 있는 이 세상과 이 삶을 감사의 마음으로 친절하고 겸손하게 수용적으로 만나는 것이 이즈음부터 시작됐다. 다행복교육지구 담당 장학사라는 이 자리도 교사 자리에서의 그것과는 사뭇 다른 다양한 경험을 주면서 겸손을 내면화하도록 나를 이끌고 있는 것 같다.

다행복교육지구 장학사인 나의 역할은 한 마디로 '학교와 마을을 잇는 것'이다. 학교와 마을에서 무엇을 찾아내어 이을 것인가 하는 것은 지향이나 비전과 관련되고, 얼마나 촘촘하게 잇는가 하는 것은 열정과 관련되는 영역이다. 생각해 보면 나는 이 자리에서 크게 세 갈래의 경험을 통해 겸손을 배우고 있다.

첫째 갈래. 마을에는 진짜배기 사람들이 있다.

　지구 담당 장학사로서 가장 기쁜 순간은 마을에서 진짜 삶을 오롯이 전심으로 살아오신 분들을 만날 때다. 대천마을에서, 당감마을에서, 남산마을에서, 멀리 청주에서 나는 이런 분들을 만났다. 그 오랜 세월 동안 그 척박했을 마을에 둥지를 틀고 뿌리를 내리려고 애써 온 처절했을 시간이 느껴져 아팠다. 함께하는 좋은 삶을 일관되게 견지하면서도 살고 있는 마을 '바로 그곳'에서 유의미한 관계망들을 만들어 오신 이야기를 들을 때는 경외심에 소름이 돋았다. 보석같이 살아오신 귀한 마을 활동가들…….

　이분들을 만나면서 난 처음으로 내가 발령을 핑계로 요리조리 옮겨 다니는 메뚜기로 살아왔다는 것을 알았다. 한때 나는 이분들과 같은 세상을 꿈꾸었으나 교사라는 나의 기득권을 포기하지 않았다. 때로는 각자도생을 상식화시킨 신자유주의를 탓하며 '민폐 끼치지 않는 나 하나의 생존'을 위해 살아왔다. 그런데 그랬던 나의 시간과 노력이 이분들 앞에서 무척 작아졌다. '그래도 난 교사 자리에서 내가 할 수 있는 시민의 역할, 학생 중심이 무엇인지를 열심히 고민하면서 일하고 있어!'라고 자부했던 것은 나를 가리고 싶은 얄팍한 마음이었다. 부끄러움도 없는 물질 만능의 이기적인 마음의 벽, 교육 공간 같지 않은 학교의 벽, 자유로운 표현과 행동을 막아서는 온갖 사회 제도의 벽들을 마주하면서도 마을에서 삶의 방향을 잊지 않고 생존해 내어 온 사람들! 그 삶 앞에서 난 숙연해졌고 겸손해졌다. 그러면서 '나도 이젠 마을에 뿌리 내리고 살아가는 교사이고 싶다.'고 생각했다.

둘째 갈래. 학교는 배움의 유일한 공간이 아니었다.

2020년에 펼쳐진 사람들의 삶과 상황은 코로나19를 빼고는 설명할 수 없다. 그동안 너무나 당연시되어 왔던 3월 초 개학이 연기되었다. 나중에는 온라인 개학이라는 듣도 보도 못한 상황이 펼쳐졌다. 모두가 처음 맞이하는 상황이었다. 내가 근무하던 교육지원청은 시교육청, 교육부 등 상부 단위 관청의 지침만을 바라보는 상황이었다. '이 상황에서도 학교 교육을 지원할 수 있는 것이 무엇이 있는지 교육지원청 장학사들의 집단 지성이 발휘될 수 있는 토의나 협의회를 하자.'고 순진한 마음으로 건의했으나, '지금이 어떤 상황인데 한가하게 그런 소리 하느냐?'는 요지의 반응들만 돌아왔다. 그 후 난 일개 장학사의 위치를 절감하며 수세적으로 어정쩡하게 상황을 관망했다.

그러던 어느 날 갑자기 '어디가 학교지?'라는 질문이 떠올랐다.

교회가 건물이 아니라 '기도하는 사람들의 모임'이라면 학교도 그 비슷하게 다시 정의되어야 하지 않을까 싶었다. 학교를 학생들이 배우는 장소 혹은 건물로만 제한해 왔던 내 상식이 깨지는 순간이었다. 곧이어 아이들이 시간에 맞춰 학교에 와 준 것이, 아침마다 아이들을 채근하여 학교에 보내 준 부모들의 노고가 너무나 귀하고 감사한 것이라는 생각이 들었다. '당연하게 생각했던 것들이 실은 당연한 게 아니었구나!'라는 자각이 밀려왔다.

학교가 건물이 아니라 '배우는 어떤 장소'라면 학생들이 지금 배우고 있는 집, 그 집이 있는 '마을'이 곧 학교가 아닐까? 학생들과 동행하면서 앎을 자극하고 탐구의 세계로 안내하는 사람이 교사라면, 교사는 학생들이 배우고 있는 곳으로 찾아가야 하지 않나 싶었다. 배우는 곳을 학교 건물로만 제한하고 그곳으로 와야만 가르치겠다는 것은 어쩌면 학교의 권력적 태도일 수 있다는 생각이 들었다. 그리고 나 역시 '상식'으로 자리 잡아 의심받지 않고 행사되는 학교 권력을 알아채지 못하고 있었고, 그럼으로써 그 권력에 편승하여 오만한 태도로 팔짱을 끼고 있었다는 것을 깨달았다.

교사가 있을 자리는 항상 학생이 배우는 바로 그 옆자리가 아닐까? 그렇다면 코로나19 상황에서 교사는 학교에서 아이들을 기다리는 것을 넘어 마을로 과감하게 나아가야 하지 않았을까? 그러면서 교육 가능성을 능동적으로 찾고 만들어 가야 하지 않았을까? 이것이 암암리에 행사되는 학교 권력을 민감하게 알아채고 겸손한 자세로 교육 주체인 학생과 학부모들을 만나는 교사의 모습일 것 같았다.

셋째 갈래. 교육은 위임받은 것이고, 학교는 지역의 것이다.

2011년, 학교 연수에 초대된 어느 강사로부터 '교육권이 누구에게 있을까?'라는 질문을 받았다. 교사의 교육권을 당연시했던 내게는 상당히 도발적인 질문이었다. 이어진 '교육권은 부모의 권리이고, 교사는 그것을 잠시 위임받아 행사하는 것일 뿐'이라는 답은 교사와 부모 자리에 대한 명징한 이해를 주었다. 사실 그 전까지 나는 '교육은 교사의 전문 영역'이고, 부모가 수업을 비롯한 학교 교육과정에 대해서 언급하는 것은 '해서는 안 될 교권 침해'라는 생각을 강하게 갖고 있었다. 그 이후에서야 난 부모들을 만날 때마다 의식적으로 '위임받은 교육권'을 생각했고, 부모와의 수평적 관계가 학교 일상 속에서 어떻게 구체화될 수 있는지를 모색하게 되었다. 하지만 그때까지도 난 교육의 주체는 교사, 학생, 학부모일 뿐 지역민은 학교 교육의 '당사자'가 아니라고 여겼다. 학교 운영 위원회에 지역민이 참여하고 있었지만 그것은 구색을 갖추기 위한 형식적 참여라고 치부하고 있었다. 돌이켜 보면 학교 교육을 위해 지역을 '사용'하려 했을 뿐 지역의 학교 교육 참여권에 대한 생각은 하나도 없었던 것이다.

다행복교육지구 사업을 하면서 마을 교육 활동가들로부터 가장 많이 듣는 하소연 혹은 어려움은 '학교의 폐쇄성'이다. 활동 공간의 부족을 겪고 있는 마을의 입장에서는 가장 안전하고 시설이 잘 갖춰진 학교를 사용하고 싶어 한다. 그래서 기회 될 때마다 학교에 '부탁'의 태도로 말을 건네지만 '허락'을 경험하는 경우는 매우 드물다. 겉으로는 관리의 문제, 책임의 문제를 내세우지만 그 밑바탕에는 마을에 대한 '불신'이 있다. 그런데 조금 더 생각해 보면 이 불신마저도 학교가 교사 집단의 소유물이라는 오개념이 낳은 결과임을 알 수 있다.

'폐쇄', 즉 문을 닫아거는 것은 무언가를 지키기 위한 행동이다. 그리고 무언가를 지킨다는 마음 밑바닥에는 '내 것' 혹은 '우리 것'이라는 소유 의식이 자리한다. 학교는 정말 교장을 정점으로 하는 교사 집단의 것인가? '누구의 것'이라는 판단 기준은 무엇인가? 교장은 보통 2~3년을 머물고 학교를 떠난다. 교사들 역시 한 학교에 3~4년 근무하면 이동해 간다. 학교에 머무는 시간의 총량을 기준으로 한다면 교장을 포함한 교사 집단은 주인이 아니다. 누가 학교의 주인일까?

우리가 어떤 낱말의 뜻을 온전히 파악하고자 할 때 보통 '어원'을 찾는다. 마찬가지로 학교가 누구의 것인가를 따질 때는 학교의 시작점, 학교가 처음으로 만들어지던 때로 가 볼 필요가 있다.

마을 사람들은 마을 아이들의 교육을 위해 서당을 만들고 좋은 훈장님을 물색하여 모셔 왔고 훈장님의 생계를 책임졌다. 이런 배

경으로 인해 서당이 마을의 공동 소유물이라는 점이 너무나 선명했다. 반면 오늘날의 학교는 불특정 다수인 국민의 세금으로 세워지고 운영된다. 교사들의 급여 역시 일정한 범주의 마을 사람들이 아니라 전국 규모의 국민들이 낸 세금으로 지급된다. '세금'과 '예산 편성과 집행'이라는 장치는 학교가 교육 전문가를 자처하는 교사 집단의 것으로 오인되어 온 한 배경이 된 것 같다.

본질적으로 학교는 지역의 시설이고 마을의 자산으로 자리하고 있다. 그러므로 교사는 지역의 시설인 학교를 마을의 아이들을 교육하기 위해 잠시 빌려 쓰고 있다는 겸손한 태도를 가질 필요가 있다. 이런 인식과 태도가 전제되지 않으면 학교 공간에서 학생, 학부모, 교사 그리고 마을이 교육의 주체로 서기 힘들고 수평적 협력 관계 역시 만들어지기 어렵다.

둘. '차이'를 '존중'한다는 것

다행복교육지구는 부산광역시교육청과 구청, 교육지원청이 업무 협약을 통하여, 학교와 지역이 협력하는 지역 교육 공동체를 구축함으로써, 모두에게 신뢰받는 공교육 혁신과 지역의 동반 성장을 이루기 위하여 지정한 지역을 의미한다. 그리고 주된 사업 담당자는 구청 공무원(주무관) 두 명과 교육지원청 공무원(장학사와 주무관) 두 명이고 다행복교육지원센터에서 함께 근무한다. 실제 근무 내용이나 형태는 조금씩 다르지만 2021년 현재, 부산다행복교육지구를 운영하는 9개 구청 혹은 구청이 관리하는 시설에 센터를 만들고 함께 근무한다는 점에서는 같다. 그러나 구청과 교육청 각 기관의 예산을 각기 다른 결재 라인을 거쳐 집행한다는 점에서 한 지붕 두 가족의 모습을 가질 수밖에 없다. 이런 체제상의 한계와 함께 구청의 조직 문화와 상식은 교육청의 그것과 사뭇 다르다. 교사의 자발성과 자율성을 한껏 경험한 다행복학교 출신 장학사인 내가 느끼는 차이는 더 클 수밖에 없다.

생각해 보면 나의 세대 경험은 '다름'보다는 '통일성'이었다. 80년대, '민주'를 또렷이 세우는 데 몰두하면서도 각 사람, 각 세대의 다름에 주목하기보다는 통일성, 일체감을 우선하였다. 다양성은 이민족으로 구성된 미국 같은 나라에서나 중요한 가치라고 여겼다. 단일 민족성을 자랑으로 내세우기도 했던 우리나라에서는 실감 나지도 않고 현실적 필요도 별로 없는 문구상의 가치라고 여겼다. 비록 90년대 후반부터 다문화, 문화적 다양성 등의 낱말이 나오고 '차이는 차별이 아니라 존중의 이유'라는 가치가 세워지고 있었으나 나에게는 크게 와닿지 않았다.

그런데 내가 일하게 된 다행복교육지원센터에서 아주 큰 '차이'를 마주하였다. 함께 가고 싶고, 가야 할 길은 있는데 관점, 인식, 마음, 태도 등 모든 면에서 차이가 있는 현실. 그 현실은 무시될 수 있는 것이 아니었다.

교사에 대한 연구 결과에서도 드러났고, 나의 경험을 봐도, 교사는 경험한 대로 가르치지, 배운 대로 가르치지 않는다. 똑같은 시공간에서 일어난 상황도 각자 다르게 경험한다는 것은 거의 진리다. 같은 맥락에서 차이를 존중하는 것도 그것을 경험한 자만이 가질 수 있는 태도인 것 같다. 센터 내 구청 공무원과 교육청 공무원의 차이, 교육청 내 장학사와 주무관의 차이, 각 기관과 구성원 각자가 상식으로 알고 있는 상이한 의사 결정 과정을 포함한 조직 문화의 차이를 인정하며 넘어서는 것이 나의 큰 과제였다. 그 차이가 무시되는 순간 겨우 형성되고 있던 협력 관계에 다시 균열이 생기고, 그나마 한 지붕 두 가족을 지탱해 주던 힘도 사라질 수 있기 때문이다.

어떻게 할 것인가? 결국 내가 취한 방식은 차이를 솔직하게 나누면서 '함께 의식'하고 '함께 존중'하는 거였다. 차이를 마주했을 때, 내 속에서 일어나는 감정을 느끼고, 그 감정을 쌓아 두지 않고 센터 구성원들과 나누면서 존중을 부탁하는 것이 현 시점 내가 찾아 낸 해답이다. 이런 시간들이 경험치로 쌓여 앞으로도 수없이 마주할 '차이들'에 마음의 중심이 흔들리지 않기를……

셋. 현장과 동행하는 사람만이 변화를 만들 수 있다

교육의 주된 역할이 결국은 선세대의 가치 있는 경험을 후세대에게 전달하는 것이라고 볼 때 교육은 태생적으로 보수적이다. 변화보다는 기존의 것을 유지하는 역할이 강조되기도 한다. 더구나 교사는 변화를 적극적으로 만들어 낼 존재적 이유가 없는 집단이라고 할 수 있다. 굳이 변화하지 않아도 생존할 수 있기 때문이다. 그래서 변화를 통해 차이를 만들어 내는 교사로 살아가기 위해서는 특별한 결심 혹은 선택이 필요하다.

그런데 한편으로 생각해 보면 가장 변화를 열망하는 집단이 또 교사일 수 있다. 바로 미래 사회의 주역이 될 학생들과 가장 가까운 거리에서 삶을 함께하고 있는 사람들이기 때문이다. 학생들이 살아가고 있는 맥락을 이해하려는 교사, 이를 위해 학생들의 역동적인 일상 속으로 들어가려는 교사들에게 변화는 선택이 아니라 필수이다. 학생들과 함께 동행하려는 교사에게 변화는 지극히 자연스러운 흐름이고 가치인 것이다.

마찬가지 맥락에서 다행복교육지구 사업 담당자가 있어야 하는 현장은 학교와 마을이다. 학교와 마을 사람들이 교육적으로 꿈꾸는 것은 무엇인가? 그 꿈을 위해 하고 싶은 것은 무엇인가? 그것을 해 가기 위해 어떤 도움을 필요로 하는가? 이런 질문을 끊임없이 던지면서 학교와 마을 사람들이 자기 삶의 주인으로 서 가는 과정에 동행한다. 이런 시간을 통해 유의미한 차이와 변화를 촉진할 수 있는 자리가 다행복교육지구 담당 장학사인 것 같다.

한편, 장학사 경험을 통해 개인적으로 얻고 있는 소소하지만 큰 유익이 하나 있다. 내 속에는 일반적으로 '승진 욕구'라고 통칭할 수 있는 '어떤' 마음이 있었다. 이 마음은 교감, 교장 등 관리직으로의 진출을 위해 승진 점수를 챙기거나 시험을 통해 교육청 장학직으로 옮겨 가는 지인들을 볼 때 자극되곤 했다. 오롯이 교단 자리에 있는 것이 정체된 삶이 아닌가 의심하는 마음이 일어나서 괴로웠고 그렇게 괴로운 나를 보고 느끼면서 불편했다. 그런데 나는 다행복교육지구 담당 장학사로 일하면서 이 욕구를 다 씻어 낼 수 있었다. 감사한 일이다.

학교 교육이 살아 움직이도록 혹은 학교 현장의 교육적 필요에 부응하기 위한 생성적 협의나 협업보다는 보고나 행정 절차에 수반되는 일들로 너무나 바쁜 사람들이 장학사들이었다. 교육이 가진 창조성, '교사 세포'의 생기를 잃어 가는 듯한 주변 장학사들을 보는 마음이 무척 안타까웠다. 교육전문직전형이라는 쉽지 않은 관문을 통과하여 선발된 자라는 의식이 있는 분들이 생기발랄한 교육 토론과 토의를 통해 부산 교육의 비전을 만들고, 학교를 교육이 충만한 공간이 되도록 지원하고, 마을을 교육적 공간으로 만들어 가는 모습, 그래서 각 지역의 교육청이 교육적 자발성으로 충만한 장학사들로 인해 명칭에 걸맞은 교육지원청(敎育支援廳)으로 자리 잡는 것은 언제쯤 가능할까? 교육청이 '장학사인 내가 과연 무엇으로 바빠야 할까?'라는 성찰적 질문을 던질 수 있는 곳이 되기를 바란다.

내가 서 있을 자리, 마을의 정주민!

다행복교육지구 담당 장학사라는 자리에서의 경험 덕분에 알게 된 또 하나의 특별한 것이 있다. 그것은 내가 지금 하고 있는 일이 사실은 내가 예전에 마음 한 자락에 뿌려 놓았던 씨앗이 발아한 것이라는 발견이다.

갑작스러운 가족의 해체를 겪고 생소한 도시로 전학하여 살던 중학생 시절, 나는 주말이나 방학 때는 버스를 타고 시골 고향 마을과 도시를 오가곤 했다. 그때 버스 창밖으로 펼쳐지는 넓은 들을 보면서 난 '나중에 돈을 벌면 저 땅을 사서 고아원과 양로원을 짓고 서로가 서로에게 의지하고 기대면서 살아가는 곳을 만들리라!' 다짐했었다. 아마도 씨족 공동체 마을에서 마음껏 천진난만하게 뛰어 놀았던 11살까지의 유토피아가 강제로 종료된 후 그 복원을 꿈꾼 것 같다. 그런데 다행복교육지구 사업을 하면서 어느 순간 내가 바로 그때의 그 꿈에 다가가고 있다는 통찰이 왔다. 소름이 돋았다. '인생은 그런 것이구나. 생각의 씨앗을 품으면 언제가 되든, 어떤 형태로든 그 인생에서 싹을 틔우는구나.' 싶었다.

어쨌든, 나는 머지않은 시간에 마을 정주민으로 살 것이다. 다행복교육지구 담당자로 일하면서 이제부터 내가 할 일이, 내가 살고 싶은 모습이 '마을 교사'라는 것을 명료하게 알아가고 있다. 발령받을 때마다 학구와는 좀 떨어진 곳에 살 집을 구하고, 학교에는 자가용으로 출퇴근하면서 메뚜기로 살아 온 삶을 마감할 때가 다가오고 있는 것이다.

마을의 주민으로 오롯이 사는 것, 마을에 뿌리를 내리는 것이 구체적으로 어떤 모습일지 아직 잘 모른다. 다만 '그곳 사람'으로 뿌리를 내린다는 것은 내 중심을 갖는다는 것이고, 그곳에서 자양분을 얻고, 삶의 과정을 공유하며, 결과물들을 마을 사람들과 나누는 것이리라 막연히 짐작한다.

마을배움길연구소 문재현 소장님은 말씀하셨다. '마을에서 산다는 것은 마을을 알고, 마을을 걷고, 마을을 이야기하는 것'이라고.

그렇게 단순하게, 내 인생의 의미를 마을 속에서 만나는 사람들과의 관계망에 담아갈 것이다. 그 마을이 자연 생태, 인문 생태의 건강한 조화로움을 지향하는 곳이면 좋겠다. 나아가 마을 사람들의 시민권이 직접적으로 행사될 수 있는 '마을 공화국'이면 더욱 좋겠다.

5

자라나는 부산다행복학교

부산스럽다고? 부산답다!

하영화

숫자 1. 3. 2.의 의미

1. 3. 2.

나의 혁신 교육 경력을 나타내는 숫자이다. 2015년 혁신학교 씨 앗 동아리 활동 기간 1년. 2016년부터 2018년까지 부산다행복학 교 근무 기간 3년. 2019년부터 2020년까지 부산광역시교육청 교 육혁신과 파견 근무 기간 2년.

혁신학교를 만나기 전 나는 그냥 평범한 교사였다. 아이들을 만 나는 것이 좋기는 하나 학교생활에 크게 만족하지 못했고, 가끔은 교사가 아닌 나에게 더 잘 어울릴 법한 다른 일을 상상하곤 했다.

2014년, 20년 가까이 연구 모임을 함께해 온 친한 선배가 혁신학교를 만들고 있다는 이야기를 했다. 부산에서 처음 시작하는 혁신학교다 보니 여러 가짜 뉴스와 반대에 부딪혀 고군분투한다는 말에, 저렇게까지 힘들게 애를 쓰는 곳에 나는 절대로 가지 말아야겠다고 다짐했다. 그러다 계속해서 모임에 불참하면서까지 열심인 선배에게 섭섭한 마음이 들었고, 그 섭섭함은 도대체 혁신학교가 뭘까 하는 궁금증으로 이어졌다.

이듬해 봄, 동학년 선배 교사가 '혁신학교 씨앗 동아리' 활동을 같이 하자고 제안했다. 한 달에 한 번 모여 혁신 교육 관련 책을 읽으며 공부도 하고 토의도 하자는 것이었다. 막 부산에 혁신학교가 만들어진다는 소식이 들릴 즈음이었다. 친한 선배들이 그렇게까지 애써서 만들고자 하는 혁신학교가 도대체 뭔지 알고 싶어 씨앗 동아리 활동을 함께하기로 했다.

결과는 대만족이었다. 1년간 교육에 대해 같은 생각을 가진 사람들이 함께 모여 생각을 나눌 수 있어서 참 행복했다. 그동안 혼자서 답답해하던 교육 문제들에 관한 해법이 조금씩 보이는 것 같았다. 잘하면 학교가 변할 수도 있겠다는 기대도 들었다.

이 일을 계기로 2016년에 혁신학교로 지정된 초등학교로 전근을 지원했다. 이 학교는 그해 부산다행복학교로 지정되었으나 학교 내 갈등으로 그동안 혁신학교를 추진하던 교사들이 모두 학교를 떠나 혁신학교를 이끌어 갈 새로운 교사가 필요했다. 마침 나도 다니던 학교의 근무 기간이 다 차서 전보를 해야 하는 상황이었다. 더군다나 친한 선배로부터 같이 그 학교에 가자는 권유도 받은 터였다.

교사로 살면서 여러 학교에서 많은 일들을 해 왔는데, 혁신학교라고 못할 일이 뭐가 있겠나 싶었다. 오히려 학교의 여러 가지 문제를 해결하는 의미 있는 일을 할 수도 있겠다는 생각이 들었다. 그렇게 해서 이리저리 따져 볼 여유도 없이 정말 단순하게 '일하러' 혁신학교에 가기로 했다. 다행히 그 학교의 복잡한 사정을 전해 듣고 희망하는 사람이 없어서 그랬는지, 선배와 나는 같은 학교로 발령을 받을 수 있었다.

다른 부산다행복학교와 마찬가지로 학교 문화를 민주적으로 바꾸고 교사와 학생, 학부모가 주인이 되는 학교를 만들기 위해 부단히 노력했다. 여러 시행착오가 있었고, 의미 있고 행복했던 순간만큼 구성원들 간의 갈등도 있었다. 다행히 시간이 지나며 갈등은 조금씩 옅어지고 부산다행복학교로서 자리를 잡아 갔다.

그렇게 3년의 리더 생활을 마무리하고, 초빙 교사가 되어 학교에 남아 있을 생각이었다. 그런데 예기치 않게 초빙 교사 선정 문제로 관리자와 갈등이 생겼다. 문제를 해결하고자 다모임 등을 통해 백방으로 노력했지만 결과적으로 상처만 남은 채 학교를 떠나게 되었다. 이러한 때에 마침 주위의 권유가 있어서 부산광역시교육청 교육혁신과 학교혁신팀에 2년간 파견 근무를 하기로 결정했다.

교육청 교육혁신과 학교혁신팀

'인생의 중요한 선택은 늘 갑작스럽게 다가오는 법이다. 그것이 인연이든, 악연이든, 우연이든.'

갑작스러운 기회와 선택으로 나는 학교가 아닌 교육청에서 근무하게 되었고, 교사가 아닌 교육 행정가가 되었다.

교육혁신과 학교혁신팀은 부산광역시교육청에서 혁신 교육을 담당하는 부서이다. 하는 일은 크게 부산다행복학교, 다행복교육지구, 마을교육공동체, 학교 협동조합의 운영 및 지원 그리고 학교 문화 혁신, 학교 자체 평가 관련 업무 등이다. 학교혁신팀에서는 장학관 한 명, 장학사 세 명, 파견 교사 세 명, 주무관 두 명 총 아홉 명이 함께 일을 한다.

부산다행복학교에 근무하며 아이들에게는 민주와 협력을 가르쳤지만, 정작 교사들은 그런 경험을 한 적이 없었다. 교육청도 별반 다르지 않았다. 해결해야 할 일, 모르는 일이 있을 때 누군가에게 묻거나 도움을 요청하면 남의 시간을 뺏거나 무능한 사람이라는 이야기를 들을까 봐 어떻게든 혼자 해결하려는 문화가 팽배했다.

그러나 그런 교육청의 분위기 속에서도 내가 속한 학교혁신팀은 사안마다 수시로 모여서 의논했다. '협업을 가장 잘하는 팀'이라는 전임 과장님의 말씀처럼, 정말 그랬다.

어떤 일이 있거나 주초, 월초가 되면 우리 팀 메신저에 자주 등장하는 말이 있다.

"오늘 10시에 다들 시간 괜찮으신가요? 결정할 사안이 있어 팀 회의를 요청합니다."

그러면 곧바로 "띠리링" 하고 메신저가 울린다.

"저도 협의할 사안이 있습니다."

"저도 그 사안과 관련하여 의논할 일이 있습니다."

이렇게 해서 시작한 회의는 짧게 끝난 적이 없다. 그렇지만 혼자서 고민할 때는 나오지 않았던 신박한 아이디어들이 함께 의논하고 고민하는 자리에서는 술술 나오는 귀한 경험을 하게 된다. 물론 회의 분위기가 항상 좋은 것은 아니다. 서로 다른 의견을 조율하기 위해서 치열하게 토론하기도 한다. 의견 조율 자체가 어려워 다투기도 하지만 결국엔 큰 무리 없이 다시 조율한다. 이런 시간이 모두 부산다행복학교가 조금 더 잘 운영될 수 있게 하기 위한 과정이라는 걸 잘 알기에 크게 마음 상하는 일은 없다.

2020년엔 코로나19로 인해 계획된 교육 활동을 제대로 실행할 수 없었다. 교육 활동을 제대로 못했다는 것은 예산을 제대로 쓰지 못했다는 말이다. 리더 교사 회의와 개별 교사들이 부산다행복학교 예산을 온라인 수업에 사용할 방법이 없냐고 물어 왔다.

우리는 이 문제를 어떻게 해결할지 팀 회의를 열었다. 먼저, 얼마나 많은 학교들이 예산 사용에 어려움을 겪고 있는지, 학교에서는 어떤 방식으로 예산을 사용하고 싶은지 조사했다. 법규에 어긋

나지 않는 범위 내에서 최대한 학교의 요구를 들어주고 싶었다. 다행히 예산을 실정에 맞게 쓸 수 있는 방법을 찾아냈고, 이를 각 학교에 알렸다.

소식이 전해지자마자 전화벨과 메시지 알림이 쉬지 않고 울렸다.

"힘을 주셔서 감사합니다."

"세심한 배려에 감사드립니다."

"건의 사항이 바로 반영되어서 다들 좋아하십니다. 감사합니다."

학교혁신팀은 리더 교사들의 이런 마음에 힘을 얻는다. 이런 곳이 학교혁신팀이다.

내가 리더 교사로 있을 때도 학교혁신팀은 언제나 믿고 의지할 만한 버팀목이자 든든한 산이었다. 그런데 막상 학교혁신팀에 들어와 일해 보니, 생각과는 달리 거대한 교육청 조직 속에서 너무나도 작은 존재였다. 처음에는 많이 당황했지만, 차츰 학교혁신팀 선배들이 그동안 이 열악한 상황에서 부산다행복학교를 지원하기 위해 부단히도 애썼구나 하는 생각을 하게 되었다. 선배들에 대한 감사의 마음이 저절로 올라왔다.

부산스럽다고? 아니, 부산답다

"부산은 참 부산스럽다."

부산다행복학교 관련 평가나 연수로 경기도에서 내려오시는 강사님들이 종종 하는 말이다. 말장난 같기도 하지만, 나는 이 말이 참 정겹다. '부산스럽다'라는 말을 국어사전에서 찾아보면, '보기에 급하게 서두르거나 시끄럽게 떠들어 어수선한 데가 있다.'라고 나온다. 경기도에서 오신 분들이 왜 그런 말을 했을까 짐작해 보면, 아마도 10년 된 경기도 혁신 교육에서는 볼 수 없는 모습을 보았기 때문이 아닐까 싶다. 다소 시끄럽고 어수선해 보이지만 짧은 시간 내에 부산만의 특징 있는 혁신 교육의 방향을 잘 잡아 나가고 있다는 의미가 아닐까?

이 말에 대해 한 중학교의 교장 선생님께서 하신 말씀이 기억이 난다.

"2017년, 부산다행복학교 2년차 중간 평가 후 외부 평가단이 부산다행복학교의 특징에 대해 논했던 자리가 기억납니다. 그 당시 평가단이 부산다행복학교를 한마디로 '부산스럽다'라고 표현한 적이 있었습니다. '부산스럽다'라는 표현 속에는 부산다행복학교 리더 교사들 특유의 열정과 바지런함, 조금은 야단스러움이 녹아 있었는데, 다른 한편으로는 여전히 부산다행복학교가 제자리를 잡지 못하던 당시의 한 측면을 보여 준 것이 아닌가 하는 생각이 들었습니다."

교장 선생님의 말씀처럼, 경기도가 10년의 시간을 들여서 만들어 놓은 혁신학교의 문화와 제도를 부산은 3~4년이라는 짧은 시간 안에 만들어 놓았다. 부산다행복학교 구성원들의 특유의 열정과 바지런함, 야단스러움을 발휘해서.

초등학교 3학년 아이가 '다행복학교'로 5행시를 지었다.

(다)행복학교는

(행)복합니다.

(복)받으라고 생긴 학교입니다.

(학)생은 행복하고 선생님은 기뻐하고

(교)문을 들어오면 점점 기분이 좋아집니다.

다행복학교 선생님이 지은 5행시도 있다.

(다)들 편안하신가요?

(행)여나 마음이 불편하거나 힘들진 않으세요?

(복)닥복닥 아이들과 지내는 게 지치고 힘들 때도 있을 거예요.

(학)교에서 행복하기 쉽지 않은데

(교)사들의 이런 마음을 알아주고 보듬어 주는 곳이 바로 다행복
학교예요.

아이와 선생님이 행복하다는데 더 긴 말이 필요할까?

'학교가 행복할 수 있다.', '학교도 행복할 수 있다.'라는 말을
실현시킨 부산다행복학교는 지금도 부산스럽게 움직이고 있다.

부산다행복학교의 중심축, 리더 교사 회의

다른 시·도와 비교할 때 부산이 특별히 다른 점은 달마다 리더 교사 회의를 한다는 것이다. 2015년부터 지금까지 매월 부산다행복학교 리더 교사 회의가 열린다. 이 회의는 학교 현장에서 직접 부산다행복학교를 운영하고 있는 리더 교사들이 모여서 현장성을 바탕으로 한 부산다행복교육 관련 정책을 만드는 장이자, 리더 교사들의 위로와 소통의 장이다. 바쁜 학교 일정 탓에 매달 열리는 이 회의에 참석하는 일이 힘겨울 때도 있지만, 리더 교사들은 기꺼이 참석해 부산다행복학교를 운영하고 있는 과정을 공유하고 그 속에서 느꼈던 여러 가지 행복, 보람, 기쁨, 힘듦, 안타까움 등을 나눈다.

"처음 참석한 리더 교사 회의에서 큰 위로를 받았어요."

"여러 학교 이야기와 선생님들의 말씀을 들으니 새로운 세상을 만난 기분이 듭니다."

"아직 부산다행복학교를 많이 경험해 보지 못한 사람으로서 이러한 회의가 신선한 자극이 됩니다."

"나와 같은 고민을 하고 있는 사람들을 만나 이야기할 수 있어서 든든합니다."

"비슷한 고민을 안고 살아가는 리더 교사들이 서로 소통함으로서 고민이 해결되었고, 아울러 위안을 얻었습니다. 꽉 막힌 속이 뚫린 느낌이 들 때도 많고요. 소통하고 이해하고 공감하며 부산다행복교육이 확산되기를 바랍니다."

"다른 학교 이야기를 듣고 많은 도움을 받았습니다. 고민의 방향을 다양하게 들을 수 있다는 게 가장 좋았습니다."

그러다 리더 교사 회의에 아무도 예상할 수 없었던 어려움이 생겼다. 부산다행복학교의 수가 많아지면서 회의에 참석하는 리더 교사의 수가 너무 많아진 것이다. 100명이 넘는 리더 교사들이 모이게 되면서 정책을 협의할 수 있는 구조를 만들 수 없게 되었다. 리더 교사 회의가 교육청에서 전달하는 내용을 수동적으로 듣는 구조로 바뀌자, 회의 운영에 대한 개선 방안을 리더 교사들이 먼저 제시했다. 학교혁신팀과 리더 교사들이 함께 고민한 끝에 우리는 급별, 연차별, 지역별로 나누어서 리더 교사 모임을 하기로 했다.

다음 세대의 의무

2년간의 파견 교사 생활을 마무리할 때가 되자 여러 가지 생각이 많아졌다. 마침 몇몇 리더 교사들과 파견 교사에 대한 이야기를 나눌 기회가 있어서 내 생각을 이야기했다.

"저 이제 파견 2년 마치고 학교로 돌아갑니다."

"벌써 2년이 지났어요? 더 있을 수는 없나요?"

"아이고, 그동안 고생 많이 하셨어요."

"시간이 참 잘 가네요. 우여곡절 끝에 2년간의 파견 교사 생활이 끝나 가네요. 저에게는 학교 밖에서 학교의 모습을 바라볼 수 있는 의미 있는 시간이었습니다. 학교 밖에서 본 학교의 모습은 좀 색다르더군요. 제가 생각하고 있던 것이 전부가 아니라는 깨달음을 얻었습니다."

처음 파견 근무를 하셨던 선생님 세 분을 시작으로 그동안 열두 명의 파견 교사가 학교혁신팀을 거쳐 갔다. 1세대 파견 교사들은 혁신 교육의 불모지인 교육청 내에서 주도적으로 혁신 교육 정책의 방향과 흐름을 잡는 역할을 했다. 그분들이 만들어 놓은 부산 혁신 교육의 기반 위에서 지금 부산다행복학교가 운영되고 있다.

"최근 1~2년 사이를 저는 2세대 파견 교사라고 생각해요. 1세대분들과 비교하면 정책을 생산하고 방향을 이끄는 역할보다는 주어진 일만 하다 가는 자리가 아니었나 하는 아쉬움이 커요. 파견 교사의 역할이 좁아진 건 아닌지 걱정도 되고요."

나의 이야기를 듣던 리더 선생님들이 내 손을 꼭 잡으며 말씀하셨다.

"장학사님, 2년 동안 진짜 고생 많았어요. 그런데 파견 교사의 역할이 축소되었다기보다 부산다행복학교가 자리를 잡으면서 학교혁신팀의 역할도 거기에 맞게 자연스러운 조정 과정을 거쳤다고 할 수도 있을 것 같아요."

"그럼요, 부산다행복학교 내에서도 마찬가지 과정을 겪고 있으니까요. 처음 부산다행복학교를 시작할 때는 강력한 의지와 열정을 가진 리더 교사들이 학교의 기반을 잡았잖아요. 2~3년 후 젊은 리더 교사들이 선배들이 잡아 놓은 기반 위에서 안정적으로 학교를 운영하기 위해 여러 가지 교육 활동을 기획하면서 운영하고 있고요."

"장학사님, 파견 교사들도 그렇지 않을까요? 앞선 파견 교사들은 방향을 잡는 역할을, 뒤에 온 파견 교사들은 그 기반 위에서 부산다행복학교를 지원하기 위한 다양한 일을 하는 거겠죠."

생각지도 못한 이야기였다.

"아, 그렇구나."

무거웠던 마음이 조금 가벼워졌다.

이제 학교로 돌아갈 때가 되었다. 2년 전 학교를 떠날 때와 달리 부산다행복학교도 이제 안정적인 기반이 잡혔다. 이 기반 위에서 나는 또 어떤 새로운 교육 활동을 펼쳐야 할까?

다른 시·도에서는 혁신팀 파견 근무를 마친 사람들에게 전문직 시험을 치르게 하여 교육청에 남아 혁신 교육을 계속 담당하게 하였다. 그러나 부산은 학교혁신팀에서 혁신 교육의 중추적인 역할을 하던 파견 교사들이 그 경험을 교육청 업무와 연결시키지 못하고 그냥 학교로 돌아가는 일이 반복되고 있었다. 그래서 교육청에는 혁신 교육을 담당할 사람이 항상 부족했고, 학교혁신팀 파견은 '죽도록 일만 하다 학교로 돌아가는 곳'이라는 오명을 가지게 되었다.

학교 현장의 요구와 변화를 반영하는 교육청의 정책이라야 진정한 혁신 교육 정책으로 꽃피울 수 있다. 의지와 경험을 가진 사람들이 교육청에 들어가 혁신 교육 정책을 널리 퍼뜨리는 역할을 할 수 있게 되길 기대한다.

실패를 풀다

차승희

다행복학교만 세 번째?

40년 만에 찾아온 한파에 부산이 영하 12도까지 내려갔다는 뉴스가 연일 쏟아지던 어느 날 오후였다. 학교에 가서 처리해야 할 업무가 있었지만, 방학이고 또 너무 추운 날씨라는 핑계로 방에서 뭉그적거리고 있는데 휴대 전화가 울렸다.

"선생님! 학교 이름이 반여초등학교 아닙니까?"

다짜고짜 묻는 말에 "예에?" 하는 대답만 했다. 전화기 너머로 "여가 아이고 저 밑에 위봉초등학교가 인자 반여초등학굡니다." 하는 설명이 들려왔다.

"선혜 어머니, 내비게이션 업데이트 안 하셨지예! 그래서 제가 민준이 어머니께 주소 알려 드렸는데예."

"아이고! 그냥 학교 이름만 찍고 왔더니 완전 산꼭대기로 오네예."

선혜 어머니는 한바탕 호탕하게 웃으시더니 알겠노라며 전화를 끊었다. 잠시 후에 선혜 어머니는 학교를 제대로 찾았고, 책은 교무실에 맡겨 두고 간다는 문자를 보내 왔다.

민준이 어머니와 선혜 어머니는 내가 처음으로 근무한 다행복학교의 학부모들이다. 함께 학부모 독서 모임을 하곤 했는데, 며칠 전에 민준이 어머니가 전화로 해맑게 새해 인사를 전하며 꼭 얼굴 보고 직접 전해 드리고 싶은 자료가 있다고 하셨다. 그런데 두 분이 책을 전해 주러 나선 날이 하필 내가 북극발 한파를 핑계로 학교에 출근하지 않은 날이라니.

민준이는 나의 아홉 번째 근무 학교이자 첫 다행복학교에서 담임을 맡은 아이다. 한눈에 보기에도 민준이와 눈망울이 똑 닮은 민준이 어머니와는 독서 모임을 함께할 만큼 마음이 잘 맞았다. 그 학부모 모임은 '신나요 도서관'이라는 작은 마을 도서관을 함께 운영하며, 다행복 교육 학부모 네트워크 활동도 꾸준하게 해 오고 있다. 지금도 나의 첫 다행복학교가 계속될 수 있도록 애쓰고 있는 소중하고 고마운 사람들이다.

나는 2016년 3월부터 지금까지 5년 동안 다행복학교만 연달아 세 번째 다니고 있다. 5년이면 한 학교에 진득하니 있을 수도 있는 시간인데 어쩌다 보니 세 곳의 다행복학교에 근무하는 진기록을 가지게 되었다.

나의 첫 다행복학교는 컨테이너를 실은 배가 온종일 들락거리는 신선대 끝자락과 얼굴을 맞대고 있는 용당초등학교였다. 그곳에서 불꽃과 같은 삼 년을 보내고 해운대 지역 다행복학교인 위봉초등학교에 발령받게 되었다. 그러나 근무 일 년 만에 근처 예비 다행복학교와 통폐합이 이루어지면서 얼떨결에 세 번째 다행복학교인 반여초등학교에 근무하는 기록을 세웠다.

세 군데나 근무했으니 다행복학교에 대한 좋은 추억들이 많을 것 같았지만, 막상 지난 시간을 떠올려 보면 좋았던 기억보다 불편한 기억이 더 많다. 기대가 컸던 만큼 혁신학교에 근무하면서 힘들고 아팠던 기억들이 가슴속에 더 깊이 남아 있는 것 같다. 그때는 머리를 쥐어뜯으며 했던 고민들도 지금은 치열한 추억이 아니라 아쉬운 기억으로 남았다.

다행복학교는 다 행복합니까?

다행복학교에 근무한다고 하면 꼭 이런 질문을 받곤 한다.

"다행복학교에 근무해서 다 행복합니까?"

'붕어빵에 붕어가 들어갑니까?'라고 되받아 주고 싶은 충동을 억누르고 이렇게 대답한다.

"다 행복하려고 다행복학교에 근무합니다."

다행복학교에 오기 전 근무한 학교에 늘 지각하는 아이가 있었다. 어제는 늦잠을 잤고, 오늘은 할머니가 밥을 늦게 차려 주었고, 늘 핑계가 있었다.

"너희 집이 어디니?"

학교 교문 앞길 하나 건너 골목에 있단다. 아무리 천천히 걸어도 10분이 넘지 않는 거리인데 지각이 잦아 이상했다.

"그런데 이제 온 거야? 자꾸 지각하는 건 나쁜 습관인데. 오늘 수업 마치고 잠깐 남아."

아이들이 다 돌아가고 교실이 텅 비자 아이가 지각하는 이유를 말했다.

"할머니가 아파서요. 제가 동생을 어린이집에 데려다 줘야 해서 학교에 일찍 못 와요."

"엄마는? 엄마도 아침 일찍 나가시니?"

"엄마랑 아빠는 이혼했어요. 지금은 할머니랑 아빠랑 있어요."

동그란 얼굴에 쌍꺼풀이 진 예쁜 얼굴은 무덤덤했다. 화물차를 운전하는 아빠는 한 달에 한두 번 집에 오고, 엄마는 집을 떠났다. 아이는 할머니 집에서 살았지만, 엄마랑 똑같이 생겼다는 이유로 할머니의 미움을 받았다. 아래로 남동생 둘을 돌보는 것도 아이 몫이었다. 동생을 어린이집 등원 차량에 태워 보낸 뒤에 등교하느라 늘 지각했던 것이다. 학교 마치고 집에 가면 빨래하고 설거지, 청소도 해야 한다고 했다. 꼭 신세 한탄하는 동네 아줌마처럼 자기 이야기를 풀어 갔다. 나는 뭐라 말해야 좋을지 몰라서 가만히 듣고만 있었다. 온갖 이야기를 조잘조잘 쏟아 내던 아이는 동생 하원 시간이라며 인사를 하고 교실을 나갔다.

학교에서만이라도 그 아이가 행복했으면 했다. 아이의 가정 환경을 바꿀 수는 없지만, 학교에서 보내는 시간만큼은 자기 삶을 온전히 누릴 수 있게 하고 싶었다. 사회의 어른으로서, 교사로서 그 아이가 행복해질 수 있게 해 주어야 했다.

그즈음 나는 '라온하제'라는 씨앗 동아리 모임에 참여하고 있었다. 혁신학교와 관련된 책을 읽고 독서 토론도 하는 동안 나는 신규 교사가 된 듯 설렜다. 그동안 내가 가지고 있던 고민을 해결할 수 있는 실마리를 찾았기 때문이었다. 땡그란 예쁜 눈을 가진 지각생에게 학교에서의 행복을 줄 수 있을 것 같았다. 얼른 우리 학교를 다행복학교로 만들어서 뭔가를 해 보고 싶었다. 기대와 설렘으로 쉽게 잠들지 못하는 날의 연속이었다. 하지만 혼자서 그런 꿈을 이루기란 너무나 어려웠다. 함께할 누군가가 필요했고 힘이 되어 줄 동료가 절실했다. 내가 할 수 있는 선택은 다행복학교를 찾아 떠나는 것이었다. 그곳에는 함께 공부하고 고민하고 성장해 갈 동료 교사가 있을 거라 믿었다. 결국 눈이 예쁜 아이에게 행복한 학교를 만들어 주지 못하고 나는 다행복학교로 발령받았다.

육 남매 자치 모임

다행복학교 1년 차 때의 일이다. 아홉 학급이 전부인 소규모 학교였지만 열정적이고 불도저 같은 교장 선생님의 진두지휘 아래 나름 업무 지원팀도 꾸려졌다. 민주적 학교 문화를 만들기 위해 '학생 자치 활동을 위한 학생 다모임을 어떻게 조직할 것인가'라는 주제로 교사 다모임을 했다. 우리는 긴 회의 끝에 전교생이 함께 참여하는 전체 학생 다모임을 하기로 결정했다.

정신없이 4월을 보내고 5월 봄 계절 학교를 위해 논의하던 중, 교장 선생님께서 전교생을 육 남매로 조직해서 학생 자치 활동을 하자는 의견을 내셨다. 5월 대운동회에서 육 남매 형태로 활동하는 것이 좋겠다는 말을 시작으로 교장 선생님께서는 열정적으로 이야기를 이어 가셨다.

"아이들은 동질 집단이 아니라 이질 집단 속에서 다양한 경험과 배움을 얻을 수 있어요. 그리고 6학년 아이들 중에 자기 학년 안에서는 존재감이 없던 아이들도 어린 동생들하고 함께 있으면 달라집니다. 그런 아이들에게 리더로서 책임을 느끼고 행동하는 기회를 줄 수 있어요."

담임 교사들은 긍정도 부정도 아닌 태도로 가만히 있었다. 교장 선생님께서 선생님들의 의견을 묻자 이런저런 소심한 반대 의견이 나왔다. 그때마다 '그런데'로 시작하는 교장 선생님의 반박과 설득이 끊임없이 계속되었다. 흔히 요즘 이야기하는 '답은 정해져 있고 너는 대답만 하면 돼.'라는 식이었다.

기계적으로 고개를 끄덕이며 가만히 듣고 있던 내가 고개를 들었을 때 신규 3년 차 선생님과 눈이 딱 마주쳤다. 그 눈빛을 말로 표현하자면 이랬다.

'부장님, 어찌 좀 해 보이소.'

나는 평소 교직원 회의에서 발표 한 번 하지 않았던 조용한 사람이었다. 하지만 혁신학교에 왔으니 나도 내 목소리를 내야겠다는 생각이 들었다. 명색이 선배 교사로서 힘을 보태야겠다는 생각에 침을 꿀꺽 삼키고는 달달 떨리는 목소리로 말했다.

"저, 교장 선생님. 충분히 알겠는데예. 선생님들께서 모두 반대하시는 것 같은데 이번 한 번만 양보해 주시면 안 될까예?"

"안 돼!"

결국 교장 선생님의 지시로 학생 자치 조직이 육 남매 형태로 완성되었다. 전교생은 열 개의 모둠으로 나누어졌고, 각 모둠의 구성원은 육 남매 형태가 되었다. 아이들은 자기 의견 한 번 못 내고 어른들의 손끝에서 졸지에 억지 남매가 되었다. 지금 돌아보면 얼마나 말이 안 되는 일인가 싶지만, 그때는 '그래, 그 잘난 육 남매 얼마나 잘 되나 보자.' 하는 용심만 들었다.

육 남매 프로젝트 첫해에 선생님들은 '육 남매는 실패'라고 생각했다. 선생님 대부분은 육 남매로 진행되는 학생 다모임 두 시간을 견디기 힘들어했다. 1학년 아이들은 다모임 시간에 장난을 치고 싸우기도 해서 회의 진행은 더디기만 했다. 우리가 머릿속에 그렸던 학생 자치와는 거리가 멀었고 그냥 시간 낭비로 보였다. 심지어 몇몇 선생님은 얼굴을 찡그리며 슬쩍 자리를 비우기도 했다. 우리는 이 모든 것들이 억지로 육 남매를 묶어 놓아서 안 되는 거라고 생각했다.

하지만 어쨌든 이 문제를 해결하기 위해 우리는 뭐라도 해야 했다. 육 남매의 기본 틀은 유지하되 학생 다모임의 방법이나 형식을 바꾸는 것이 급선무였다. 결국 1학년은 학급 다모임을 우선하기로 하고, 전교 다모임에는 2학년부터 참여하기로 했다.

개선 방법을 찾아가면서 육 남매 조직이 조금씩 틀이 잡히기 시작했다. 그리고 매년 열리는 '학생, 학부모, 교사가 함께 참여하는 삼주체 교육과정 대토론회'를 거치면서 학생 다모임의 모습은 점점 나아졌다. 3년 차에 이르러 아이들은 진지하게 학생 다모임에 참여하는 모습을 보여 주었다. 마침내 우리 교사들은 계절 학교 활동을 함께하는 육 남매의 모습을 보고 교장 선생님의 생각이 틀리지 않았음을 확인하였다. 격렬하게 반대했던 선생님들도 그 효과만큼은 인정했다.

육 남매는 실패하지 않았다. 애초에 육 남매 자치 조직에는 아무 잘못이 없었다. 잘못이 있다면 교사들에게 있었다. 육 남매 때문에 학생 다모임을 망친 게 아니라, 처음부터 학생 다모임을 제대로 해내는 것 자체가 원래 어려운 일이었다. 육 남매 때문에 학생 다모임이 힘들었던 것이 아니라, 학생 자치를 경험해 본 적이 없었기 때문에 아이들이 힘들어했던 것이다. 교사들은 자리를 비울 게 아니라, 아이들이 잘할 수 있도록 가르치고 도와주고 기다리는 것을 먼저 했어야 했다. 하지만 우리는 아이들을 찬찬히 가르치지는 않고 제대로 하지 못한다며 기다리지 않았다. 한 번도 해 본 적이 없는 일을 잘할 거라 기대하고, 뭐든 스스로 해야 학생 자치라 생각하며 마냥 던져 놓고, 육 남매 때문에 안 되는 것이라며 제대로 못한다고 한 게 잘못이었다.

지금 생각해도 고마운 것은 그 시행착오 속에서도 아이들이 하나씩 배우면서 성장했다는 거다. 물바가지 한 번 쓱 스쳐 가도 콩나물은 자라듯이 우리 아이들은 매일 조금씩 자랐다. 그런 멋진 아이들을 두고 애먼 육 남매 탓만 했다. 결국 육 남매는 성공했지만 그 과정은 실패투성이였다.

다행복학교의 성공과 실패를 어떻게 구별할 수 있을까? 부산에 다행복학교가 점점 많아지고 다행복학교에 근무하려는 교사가 많다는 것은 적어도 실패는 아니라고 본다. 성공과 실패를 논하기 이전에 다행복학교는 성장하고 있는 중이고 나아지고 있는 중이다.

바뀐 학교와 변하지 않는 교사

처음 발령받은 다행복학교에는 한 학년에 한 반밖에 없었다. 동학년 선생님이 한 명도 없어서 학년의 모든 업무가 전부 내 몫이었다. 교육과정도 평가 계획도 체험 학습도 몽땅 나 혼자 해야 했다. 동학년 교사 서너 명이 나눠 하던 일을 혼자 처리해야 한다는 게 정말 당황스러웠다.

학년에 한 학급뿐이라서 학급 교육과정이 곧 학년 교육과정이었다. 한 해를 지내고 보니 이건 정말 아니다 싶었다. 그래서 다음 해에 업무 지원팀에 있으면서 담임 선생님들께 교육과정 재구성의 어려움에 대한 의견을 물었다. 다들 혼자서 교육과정 분석과 재구성을 하느라고 너무 힘들다고 입을 모았다.

이때다 싶어 한 가지 제안을 했다.

"제가 해 봐도 혼자서는 너무 힘들더라고요. 그래서 말인데 우리처럼 학년에 한두 반밖에 없는 다행복학교끼리 모여서 학년 교육과정을 함께 짜면 어떨까요?"

"……."

"다행복 리더 교사방에 글을 한번 올려 볼까요?"

"……."

"학년별로 두세 명만 모여도 훨씬 수월하겠죠?"

"그렇기는 하죠."

"그럼, 제가 일단 한번 모아 볼게요. 다들 신청하실 거죠?"

다시 침묵.

"우리 학교는 모두 다 참석하는 걸로 말해도 되겠죠?"

다른 학교의 신청 상황을 보면서 결정하기로 했다. 곧바로 다른 학교 리더 교사 서너 명에게 연락해서 취지를 설명하고 희망하시는 선생님들을 모아 달라고 했다. 리더 교사들도 정말 좋은 생각이라며 함께 모아 보겠다고 했다.

한 달 정도 신청자를 계속 모아 보았지만 기대에 미치지 못했다. 답답한 마음에 이야기를 다시 꺼냈다.

"저번에 교육과정 함께 짜자고 했던 거요. 신청 인원이 너무 적은데 어짜까예?"

"그게 될까요?"

3학년 선생님이 쉽지 않을 거라 생각한다면서 입을 뗐다.

"우선 학교마다 상황이 다르고요. 학교가 다르다 보니 아이들 수준도 다르고."

"그렇겠네요."

"저도 해 보고는 싶은데요. 결국 우리 학교 안에서는 혼자서 교육과정을 짜야 하는데, 쉽지 않을 것 같아요."

학교마다 행사나 학사 일정도 조금씩 다르고, 함께 계획을 세워도 결국 다시 고쳐야 할 것 같다는 생각이 들어 선뜻 하기가 망설여진다고 했다. 이야기를 듣고 보니 선생님들의 말에도 일리가 있었다. 그래도 아쉬운 마음에 신청 기간을 연장하며 기다렸지만, 신청자는 고작 다섯 명에 그쳤다. 결국 작은 학교가 모여 학년 교육과정을 함께 짜는 것은 무산되었다.

흔히 학교는 학생만 성장하는 곳이 아니라 교사도, 학부모도 함께 성장하는 곳이어야 한다고 말한다. 그래서 다행복학교에서는 교사의 전문성을 높이기 위한 전문적 학습 공동체가 활성화되어 있다. 그리고 몇몇 학교에서는 꾸준한 교육과정 재구성을 통해 다양한 프로젝트 수업을 활발히 하고 있다. 하지만 나의 다행복학교에서는 수업 나눔과 학년 교육과정 재구성 나눔이 제대로 이루어지지 않았다. 5년 동안 가장 아쉬운 부분이다.

수업이 바뀌면 학교가 바뀌고, 학교가 바뀌면 아이들의 삶이 바뀐다. 아이들의 삶과 앎이 연결되는 교육과정과 수업이야말로 다행복학교가 추구해야 할 목표다. 그래서 다행복학교 교사는 수업을 위해 많은 힘을 쏟아야 한다. 하지만 우리나라 교사에게는 크든 작든 수업에 대한 부담감이 있는 것 같다. 적어도 내가 이야기를 나눠 본 대다수 선생님들의 솔직한 답변은 그랬다. 살벌한 수업 협의회를 겪어 본 교사라면 공개 수업은 '피할 수 있으면 피하라.'라는 말에 동의할 것이다. 동료성과 집단 지성을 중요하게 여기는 다행복학교지만 수업 나눔이나 학년 교육과정 재구성 나눔으로 이어지기까지는 아직 노력이 더 필요해 보인다. 이 부분은 여전히 현재 진행형인 우리의 고민거리이다.

오늘도 우리는 학교에 간다

사랑에 빠지면 사랑하는 사람이 내 삶의 중심으로 자리 잡는다.

일반적으로는 사람이 애정의 대상이지만 간혹 그 대상이 반려견이기도 하고 영화가 되기도 한다. 다행복학교 교사가 사랑에 빠지는 대상은 아이들과 학교다. 그리고 다행복학교에는 학교와 사랑에 빠지는 학부모도 있다.

내가 두 번째로 근무한 다행복학교에서는 학부모님들이 학습 준비물실을 관리하는 자원봉사를 해 주셨다. 적극적으로 활동하는 학부모들이 학습 준비물실에 모였고, 그곳은 자연스럽게 학부모실의 역할도 하게 되었다.

우리 교실이 학습 준비물실 바로 옆이라, 자연스럽게 학부모님들과 인사를 주고받으며 이야기도 나누게 되었다. 몇 마디 이야기만 나눠도 다행복학교인 우리 학교를 자랑스러워한다는 걸 알 수 있었다. 학부모님들은 자부심을 갖고 봉사 활동을 하고 있었고 학부모 자율 동아리 활동도 열심이었다.

그러나 2019년 초겨울, 그 동아리 활동도 막을 내렸다. 단 며칠 사이에 학교의 마지막 졸업식을 준비해야 했기 때문이다. 몇 년 동안 계속된 학교 통폐합 이야기가 학부모 투표 한 번으로 결판이 난 것이었다.

'설마 찬성이 더 많겠어?'

게다가 통폐합을 반대하는 현수막이 동네 곳곳에 걸려 있었다. 교사들끼리는 '교육청에서 그냥 투표나 한번 해 보는 것'이지 않겠냐는 말들이 오갔다. 그러나 예상을 완전히 뒤엎고 우리 학교는 폐교의 과정을 밟아야 했다.

두 집 살림을 합치는 대대적인 이사를 앞두고 우리 학교는 교실 확보가 시급해졌다. 그러다 보니 어쩔 수 없이 학습 준비물실을 옮겨야 하는 상황이 되었다. 동아리 활동 때 사용하는 작업대와 책상은 복도로 빠졌고 다른 교실에서 사용하던 책장, 수납장과 서랍장이 학습 준비물실 한가운데 자리를 차지했다. 결국 학습 준비물실은 책상 하나 놓기에도 빠듯한 미로가 되었고, 덩달아 학부모 동아리실도 없어져 버렸다.

"선생님, 어째 이럴 수 있어요? 너무한 거 아닙니꺼?"

부족한 교실을 확보해야 하고, 보통 1년이 걸리는 학교 통폐합을 단 3개월 안에 처리해야 하는 상황 등을 학부모님들께 설명하였다. 교사 다모임에서 회의와 토론을 거쳐 의논된 사항이 학부모들에게는 미처 전달되지 못했다. 이야기를 듣고 학부모님들은 조금은 학교 상황을 이해하셨지만, 그 긴 설명에도 섭섭해했고 많이 속상해했다.

"의논 한마디 없이 갑자기 그라니까 우리는 섭섭했지예."

시간이 지난 후 학부모님들은 학교의 상황을 충분히 이해하게 되었고, 지금은 코로나19로 인해 학교에 자주 오지 못하는 것을 너무 아쉬워할 만큼 학교를 그리워하게 되었다.

교사가 지쳐서 잠시 멈추더라도 학교에 깨어 있는 학부모가 있다면 다행복학교는 계속 나아갈 수 있다. 시간이 지나면 학교를

실패를 풀다

옮겨야 하는 공립 학교에 뜻있는 혁신 교사가 늘 함께하기란 쉽지 않다. 리더 역할을 할 혁신적인 구성원 조직이 만들어지지 않는 경우도 있다. 그럴 때 다행복학교를 지키는 힘은 바로 학부모에게서 나온다. 다행복학교에서는 학부모가 교육 수요자라는 단순한 역할을 뛰어넘어 교육 주체로 설 수 있도록 역할과 기회를 주어야 한다.

학교에는 사람이 산다. 그 안에서 사람을 기르고 키우고 가꾸고 돌본다. 또 아이들은 자라고 배우고 꿈꾸고 더불어 살아간다. 다행복학교는 더 따뜻하게 마음을 나누고 더 뜨겁게 사랑하고 싶은 사람들이 모인 곳이다. '사람이 먼저'라는 말이 바로 다행복학교의 기본 철학이다. 그리고 이것이야말로 다행복학교에서 실패를 풀 수 있는 해답이라고 생각한다.

추위를 뚫고 학교에 도착해서 보니, 책상 위에는 민준이 엄마가 보낸 종이 가방 하나가 놓여 있었다. 그 안에는 학부모 활동 자료집과 직접 구운 쿠키와 파이, 그리고 손 편지가 두 통 들어 있었다.

『우리는 오늘도 학교에 간다』는 다행복 교육 네트워크에서 활동한 학부모들의 이야기를 담은 책이고요. 조금은 읽기 싫게 생긴 자료집은요, 저희 동아리에서 다행복교육지구 추진을 위한 토론회를 열었는데, 그때 발표문을 담은 책자입니다. 책과 자료집을 쓰면서 이건 선생님들께 보내는 감사의 편지라는 생각이 들었어요. 선생님들께 감사하는 마음을 꾹꾹 눌러 담아 써서 그런 것 같아요. 발표를 준비하면서 힘들기도 해서 왜 하필 내가 발표를 하게 됐나 곰곰이 생각해 봤는데요. 아마도 제가 가장 많이 변해서 그런 게 아닐까 싶었어요. 함께하는 학부모들과 선생님들의 격려와 공감, 응원 덕분에 조금은 어른다운 어른으로 성장하고 있다는 생각이 듭니다.

그 추위를 뚫고 학교에 오고, 나 또한 그게 고마워 학교로 간다. 모두 학교와 사랑에 빠져서, 오늘도 우리는 학교에 간다.

어느 날 다행복학교에 발령받았습니다

초판 1쇄 발행 · 2021년 5월 28일

지은이 · 류현주, 오종열, 박은숙, 김경희, 남수경, 남언영, 설경진, 문은주,
　　　　박현미, 조인실, 김옥영, 김혜령, 백점단, 정미화, 하영화, 차승희
펴낸이 · 강일우
편집 · 강창호, 이주호
디자인 · 김선미
펴낸곳 · (주)창비교육
등록 · 2014년 6월 20일 제2014-000183호
주소 · 04004 서울특별시 마포구 월드컵로12길 7
전화 · 1833-7247
팩스 · 영업 070-4838-4938 | 편집 02-6949-0953
홈페이지 · www.changbiedu.com
전자우편 · textbook@changbi.com

ⓒ 창비교육 2021
ISBN 979-11-6570-066-9 03370